図解
NPO法人の
つくり方・
運営のしかた

宮入 賢一郎
森田 真佐男

- 法人化のメリット・デメリットとは？
- 利益を追求してはいけない？
- NPO法人には税金はかからない？
- 認証申請に必要な書類のつくり方は？
- NPO活動ってみんなボランティア？
- 毎年、開示しなければならない情報って？

日本実業出版社

はじめに

　特定非営利活動促進法（NPO法）が1998年12月1日に施行されて以来、NPO法人の数は着実に増えています。
　本書を手に取られたみなさんも、いろいろな目的でNPOの設立を目指されていることと思います。

・**地域活動などに取り組むみなさん**
　清掃美化や福祉、校外活動、地域活動など、家庭や学校・職場だけでなく地域の集まりなどもあります。こうした活動をさらに積極的に発展させ、拡大していこうとする人にとって、組織として継続的に運営可能なNPOは有効なものでしょう。

・**社会人、ビジネスパーソンのみなさん**
　仕事が多忙でもNPOは設立、運営できます。気の合う仲間どうしでの語り合いから、ユニークな社会貢献活動のアイデアが生まれるかもしれません。趣味を活かした社会貢献なども、NPOでは可能です。

・**ボランティア団体のみなさん**
　これまでボランティア活動をしてきた人が、運営基盤を強化したり、行政との協働事業を行なうことなどを目的として、NPOに移行するケースもたくさんあります。

・**学生のみなさん**
　最近では、学生時代の活動を活かし、NPOやNGOに身をおく人も珍しくなくなってきました。また在学時に起業を志し、卒業後に実行する人もいます。学生にとってNPOは、就職と並んで社会生活の選択肢の1つになっています。

・**団塊世代、アクティブシニアのみなさん**
　現役時代に培った知識や技術、人脈などを、社会貢献活動に活かせます。

本書では、NPOに関心をもった人がNPO法人を設立、運営できるように、関連する法令や留意事項をわかりやすく解説しました。はじめから順を追って読んでいただいてもよいですし、目次を見て、関心のあるところ、疑問のあるところから読んでいただけるように見出しを工夫して構成しています。

　実は、NPO法人を設立して運営するには、面倒なことがたくさんあります。それを知らずに設立して後悔しても始まりませんから、本書では、現実に直面しやすい課題についてもわかりやすく解説するとともに、面倒な部分もきちんと示し、その対処のしかたにも触れています。
　たとえば、設立したあとにも、毎年、都道府県庁などに運営情報を報告しなければなりません。非営利なのに、運営するには株式会社並み（ひょっとするとそれ以上の）手間がかかるのです。そんな面倒な部分があっても、NPO法人の設立・運営に駆り立ててくれる、そんな感情がパッションです。NPOを始めるには、パッションが必要です。みなさん！　パッションに自信はありますね？

　さらに、実際にNPOを設立しようとすると、ミッションが話題になります。ミッションとは、行動するための社会的意義、つまりNPO活動の基本となる行動目標のことです。
　パッションとミッションは別々なものに感じるかもしれませんが、この2つを関連させることが重要です。継続的な組織活動としていくためには、1人に情熱があるだけでは成果があがりません。また、個々の参加者に情熱があっても、方向がばらばらでは力が結集できません。やはり組織員が共有できる理念や方針、計画があってはじめてたくさんの成果が得られるというものです。このため、パッションをいかにミッションに展開するか、ということがポイントになります。

　本書は、全体の編集とNPO法人の現状やビジネス・将来展望などを宮入、NPO法人の定義や設立方法などを森田真佐男、NPO法人の運営

や人事労務などを森田舞、会計・税務を小川、NPOバンクと指定管理者の事例を寺澤が、それぞれ執筆しました。

　最後に、日本実業出版社の編集部のみなさんをはじめ、本書の出版にあたりご尽力いただいたみなさんに心より御礼を申し上げるとともに本書を手にとったあなたの夢がかなうことを祈念しております。

　2007年9月　　　　　　　　　　　　　　　　　　　　　　　著者一同

＊本書の内容は2008年3月1日現在の法令に基づいています。

図解　NPO法人のつくり方・運営のしかた〈目次〉

はじめに

第1章 NPO法人とはどんなもの？

1　NPO法人とは　12

2　法人格を取得するメリット・デメリット　20

3　NPO法人の現状　23

4　NPOによくある誤解　27

- ●NPO法人だから、お金は稼いじゃダメ？　28
- ●NPO法人の17分野以外のことはやっちゃいけない？　29
- ●NPO法人って、税金がかからないの？　30
- ●NPO法人ってことは、みんなボランティア？　31
- ●NPO法人だと、補助金や助成金がもらえる？　32
- ●NPO法人だから、寄付をもらいやすい？　33
- ●気の合う仲間だけで、何人からでも始められる？　34
- ●信頼できる家族や親戚だけを役員にしたいのだけど…。大丈夫？　35
- ●役員報酬がもらえるのは役員の3分の1ってことは、ほかの理事は無償ボランティア？　36

- ●会社が兼業や副業禁止だから理事にはなれない？ 37
- ●NPO法人の理事になったら、リスクってある？ 38
- ●起業するよりは、NPO法人のほうが簡単？ 39
- ●とりあえず立ち上げて、嫌ならやめればいい？ 40

5　会計や税金など、甘くない運営　　　　　41

第2章
NPO法人のつくり方

1　NPO法人になるには　　　　　　　　　44
2　活動目的は明確にしなければならない　　50
3　株式会社より安く設立できる　　　　　　56
4　NPO法人設立手続きの流れ　　　　　　58
5　認証申請に必要な書類はこうつくる　　　61
- ▶▶「定款」の例 64
- ▶▶「設立認証申請書」の例 78
- ▶▶「役員名簿」の例 79
- ▶▶「各役員の就任承諾および誓約書」の例 80

▶▶ 「社員のうち10人以上の者の名簿」の例　　　　　　　　81

▶▶ 「確認書」の例　　　　　　　　　　　　　　　　　　82

▶▶ 「設立趣旨書」の例　　　　　　　　　　　　　　　　83

▶▶ 「設立についての意思を証する議事録」の例　　　　　84

▶▶ 「設立当初の事業年度の事業計画書」の例　　　　　　85

▶▶ 「設立当初の事業年度の収支予算書」の例(「特定非営利活動に係る事業会計」分)　86

▶▶ 「設立当初の事業年度の収支予算書」の例(「その他の事業会計」分)　87

6　設立登記のしかたとポイント　　　　　　　　88

▶▶ 「設立登記申請書」の例　　　　　　　　　　　　　　90

▶▶ 「設立認証書の写し」の例　　　　　　　　　　　　　91

▶▶ 「定款の写し」の例　　　　　　　　　　　　　　　　92

▶▶ 「代表権を有する者の資格を証する書面」の例　　　　93

▶▶ 「印鑑（改印）届書」の記載例　　　　　　　　　　　94

▶▶ 「OCR紙」の例　　　　　　　　　　　　　　　　　　95

第3章
会議や事業報告のポイント

1　大切なことは会議で決める　　　　　　　　　98

▶▶「定時総会の通知」の例　　　　　　　　　　　101
▶▶「定時総会出席申込書」の例　　　　　　　　　102
▶▶「理事総会の議事録」の例　　　　　　　　　　104
▶▶「定期総会議事録」の例　　　　　　　　　　　106
▶▶「監査報告書」の例　　　　　　　　　　　　　108

2　毎年行なう事業報告・変更のための書類作成　　109

▶▶表紙となる「事業報告書等提出書」の例　　　　111
▶▶「事業報告書」の例　　　　　　　　　　　　　112
▶▶「役員名簿」の例　　　　　　　　　　　　　　113
▶▶「役員の変更等届出書」の例　　　　　　　　　115
▶▶「定款変更届出書」の例　　　　　　　　　　　116
▶▶「定款変更認証申請書」の例　　　　　　　　　117

3　活動の継続のために必要な収入源　　　　　　119

事例　市民がつくるNPOバンク　　　　　　　　125

CONTENTS

第4章
スタッフや給料について知っておこう

1　スタッフやボランティアは大切な構成員	128
2　給料は計画的に支払うこと	135
▶▶　「給与支払事務所等の開設届出書」の記載例	140
▶▶　「源泉所得税の納期の特例の承認に関する申請書兼納期の特例適用者に係る納期限の特例に関する届出書」の記載例	141

第5章
会計と税金について知っておこう

1　NPO法人だからこそ、きちんと記帳する　　144
　▶▶「財産目録」の例　　145
　▶▶「貸借対照表」の例　　146
　▶▶「収支計算書」の例　　147

2　NPO法人に求められる区分経理を理解しよう　　151

3　NPO法人も税金と無関係ではない　　156
　▶▶「収益事業開始届出書」の記載例　　157
　▶▶「青色申告の承認申請書」の記載例　　158
　▶▶「公益法人等の収支計算書の提出書」の様式　　163
　▶▶「消費税課税事業者届出書」の記載例　　165
　▶▶「消費税簡易課税制度選択届出書」の記載例　　167

4　認定NPO法人と税制優遇措置　　168
　▶▶「認定特定非営利活動法人としての認定を受けるための申請書」の様式　173

第6章
将来を見すえた
活動をするために

1　パートナーシップ・協働でNPO活動を促進しよう　176

2　NPOとビジネス　179

　　事例　コミュニティ・ビジネスの実践NPO　183

3　NPO法人と指定管理者制度　185

　　事例　指定管理者になったNPO法人　187

4　NPOで夢を実現しよう　188

執筆協力／寺澤順子
　　　　／もりたサポート・オフィス
　　　　／株式会社KRC

カバーデザイン／春日井恵実（イーサイバー）
本文イラスト／渡辺　優
本文組版・図版／ダーツ

第1章

NPO法人とはどんなもの？

1 NPO法人とは

●NPO法人の定義

「ＮＰＯ」とはNon Profit Organization（ノン プロフィット オーガニゼイション）の略で、非営利活動をする団体のことをいいます。非営利活動とは、不特定かつ多数のものの利益の増進に寄与することを目的とする活動のことで、社会貢献的なものが該当します。

非営利と聞くと、対価をもらってはいけないとか利益を上げてはいけないと思われがちですが、そうではありません。営利を目的とせずに、利益が出た場合でも構成員に分配してはいけないということです。では、その利益はどうするのかというと、出た利益を今後の活動に使っていくのです。

そして、そのNPOのなかでも「特定非営利活動促進法」（NPO法）に基づき認められた団体のことを、「NPO法人」と呼びます。1998年にこの法律が日本で制定されました。NPO活動は以前から行なわれていましたが、NPO団体に法人格を与えることでより活動しやすい環境を整えていこうということです。

今後、医療・福祉・文化・教育・環境など、行政の仕事と思われがちである分野も、さまざまなニーズに応えるためにNPOの存在は必要不可欠となることでしょう。

●●法人格とは●●

法人格＝法人の権利能力
- 法人名義で財産を取得できる
- 法人名義で登記ができる
- 法人名義で契約を締結できる
- 法人名義で銀行口座がつくれる　　　など

➡法人格をもつと権利義務の主体になれる

●株式会社とのちがい

　法人といえばいちばん身近なものが株式会社ではないでしょうか。株式会社は営利を目的としている法人のことをいいます。
　NPO法人とのちがいを以下の表にまとめました。

●●NPO法人と株式会社を比較すると…●●

	NPO法人	株式会社
誰のため？	公益	自社
儲かったお金は？	構成員へ配分できない （事業に使う）	株主等で分けても かまわない
設立の際の手続き	認証してもらう	届出でOK
構成員の人数	社員（正会員） 10人以上	株主1人以上
役員の人数	理事3人以上 監事1人以上	取締役1人以上 監査役任意
設立にかかる費用	かからない	約25万円
課税対象事業	収益事業のみ （収益事業以外は非課税）	全事業
公開しなくてはいけない情報	3年間分の 事業報告書など	決算について

🔵NGOとのちがい

　NGOとは、「Non Governmental Organization（ノン ガバメンタル オーガニゼイション）」の略です。政府の組織ではない、民間非営利団体のことを指しますので、広い意味ではNGOもNPOと同じといえますが、NGOは国連のなかで使われている言葉なので、日本では国際的な活動を行なっている団体を表現することが多いようです。
　地球規模で取り組まなくてはならない問題（平和や安全保障、経済・社会開発、人権、人道問題、国際法）や海外協力などがここに該当するでしょう。
　独自で活動しているNGOもあれば、国連関係の団体と連携しながら活動しているNGOもあります。

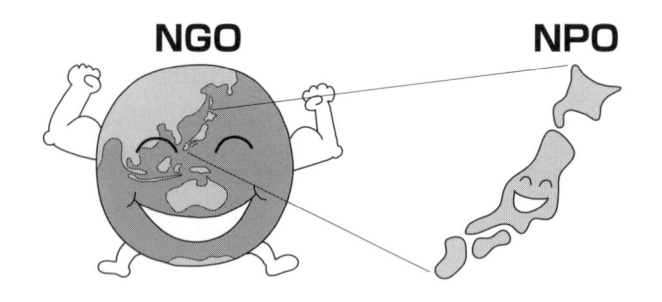

🔵ボランティアとのちがい

　ボランティアとNPOを同じ意味ととらえられることが少なくありません。一体どうちがうのでしょうか？
　社会のために役立つ活動をしようという意味では同じです。
　ちがいを表わすならば、ボランティアは「活動する個人・団体」を指し、NPOは「継続的に活動する組織・活動する場をつくる組織」を指すことが多いでしょう。「参加する側（ボランティア）」と「参加を募集する側（NPO）」とも表現できます。
　活動の報酬の面では、ボランティアは無償であることが多い現状があります。とはいえ、NPOもまだまだ無償もしくは低額であることが多いよ

うです。しかし、NPO法人は活動の継続性が重要なので、今後は通常の雇用と同等なレベルになることが期待されています。

「NPO活動にボランティアで参加する（＝NPOの活動に無償で参加する）」と「NPO活動はボランティアではない（＝NPOの活動がすべて無償でやらなくてはいけないわけではない）」のちがい、わかりますでしょうか？

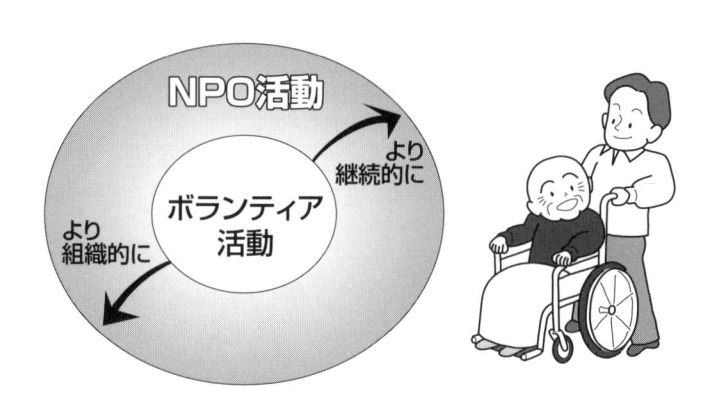

●有限責任事業組合（LLP）、合同会社（LLC）とのちがい

有限責任事業組合（LLP）とは、2005年8月1日から設立できるようになった比較的新しい組織形態で、無限責任である民法上の組合とは異なり、有限責任の組合です。

LLP（有限責任事業組合）には、以下の3つの特徴があります。

①有限責任制

有限責任とは、組合員はその出資の範囲内でしか責任を負わないということです。

②内部自治

内部自治とは、組織内部のルールを組合員の合意により自由に決定できるということです。したがって、出資比率によらず損益を分配することも可能となります（出資金の額で配当の割合を決めず、みんなで決めるということ）。

③構成員課税

構成員課税とは、利益に対して組織自体には課税されず、配当時に構成員個人の所得とみなして課税を行なうというものです。したがって、法人課税のようにまず組織自体に法人税が課せられ、配当時に構成員個人にも所得税が課せられるという、いわゆる二重課税はされないということです。

●●構成員のつながり●●

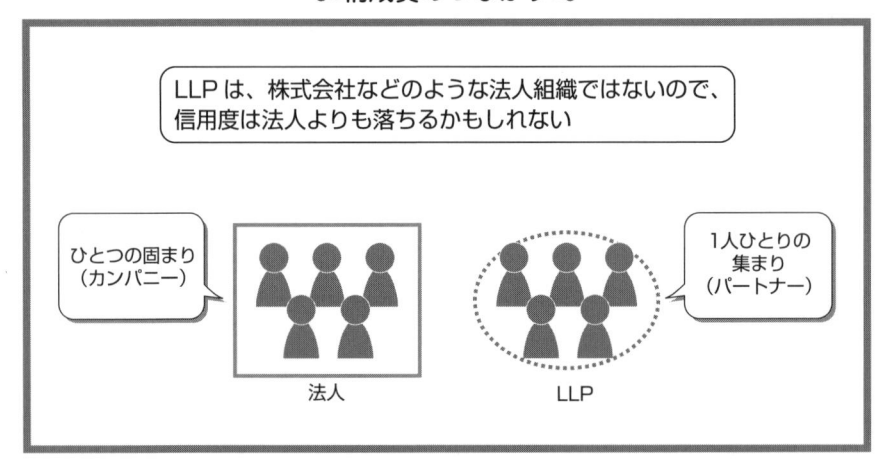

```
LLPは、株式会社などのような法人組織ではないので、
信用度は法人よりも落ちるかもしれない
```

ひとつの固まり（カンパニー）　　法人

1人ひとりの集まり（パートナー）　　LLP

　一方、合同会社（LLC）は、2006年5月1日に施行された新会社法で設立可能となった新しい会社形態です。
　有限責任事業組合（LLP）とは、有限責任制、内部自治などの、とてもよく似た特徴がありますが、LLPは"組合"であり、LLCは"会社（法人）"であるという点で、また、LLPは構成員課税ですが、LLCは法人課税という点でも大きく異なります。
　次ページの表は、NPO法人、LLP、LLCの特徴を比較したものです。

●●LLPやLLCとのちがい●●

	NPO法人	LLP	LLC
活動の内容	17の特定非営利活動	営利活動	
社員（構成員）の人数	最低10人以上	組合員2人以上	1人以上
役員の人数	理事3人以上 監事1人以上	とくに制限なし	
組織（合議体）	社員総会	組合員総会	社員総会
設立の際の手続き	認証してもらう	届出でOK	
設立にかかる費用	不要	6万円	10万円
資本金（出資金）	なし	2円以上	1円以上
利益の配分	配分できない	自由に決められる	
課税	収益事業については普通法人と同様に法人課税	組織には課税されず構成員に課税	法人課税
設立までの期間	約3～5か月（縦覧期間あり）	おおむね14日	

●新会社法についても知っておこう！

◆最低資本金制度の廃止

　従来、有限会社は300万円、株式会社は1,000万円以上必要だった資本金制度が新会社法で撤廃されました。結果として、資本金1円の株式会社の設立が可能となり、起業しやすくなりました。

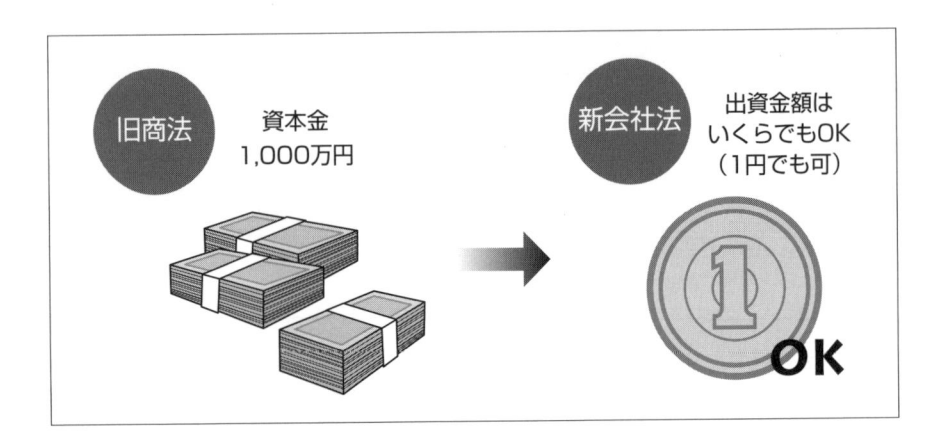

[図：旧商法 資本金1,000万円 → 新会社法 出資金額はいくらでもOK（1円でも可）]

◆株式会社でも1人取締役が可能

　旧商法では、株式会社を設立する場合、取締役が3人、監査役が1人以上必要でした。そのため、実際は事業に関与しないような人にも取締役などとして参加してもらうケースも少なくありませんでした。その点、有限会社は1人取締役で設立が可能なので、設立しやすかった面もあります。

　そこで、新会社法は、株式会社も1人取締役で設立できるようにしました。これは、「株式譲渡制限会社」のみの制度ですが、株式公開をするような企業でなければ、この制限をつけておいたほうがよいと思います。

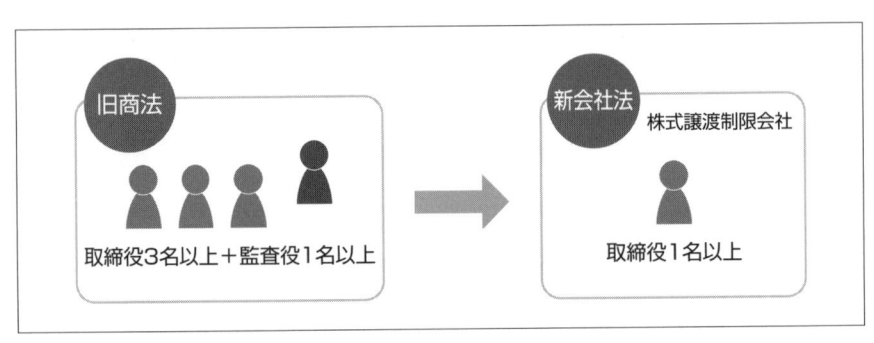

[図：旧商法 取締役3名以上＋監査役1名以上 → 新会社法 株式譲渡制限会社 取締役1名以上]

注：株式譲渡制限会社とは？
　　持っている株式を売ったりして譲渡することはできるけれど、会社にとって好ましくない人の手に渡ってほしくはないので、譲渡する場合には、「会社（＝取締役会や株主総会）の承認が必要ですよ」という会社のこと。

●●株式譲渡制限会社の特徴●●

・取締役会をおかなくてもよい
・役員の任期を最長10年に延長できる
・監査役の権限を会計監査のみに限定できる
・株主からの請求がなければ株券を発行しなくてもよい

◆有限会社制度の廃止

　最低資本金制度がなくなり、取締役も1人で設立できるようになったので、株式会社と有限会社の差はほとんどなくなることを受けて、新会社法の施行と同時に有限会社制度が廃止されました。新しく有限会社はつくれなくなりましたが、以前から存在している有限会社はそのまま存続することができます。

　さらには、いまある有限会社を増資することなく、株式会社に変更することもできます。

●●新会社法でこうなった●●

・資本金が「1円」以上で設立可能になった
・取締役（旧法では3名以上）が1名でよいことになった
・有限会社が新たにつくれなくなった

2 法人格を取得するメリット・デメリット

●そもそも、やりたい事業に法人格が必要か？

　やりたい事業に、どうしても法人格が必要なのかをまず十分に考えることから始めましょう。安易に法人を立ち上げて、その後うまくいかなくなった場合には困ったことになります。なぜなら、法人をつくるのは結構たいへんですが、解散するのはそれ以上にやっかいだからです。

　NPOを法人化するかどうかは、各団体で事業内容・予算規模・有給職員の数などから総合的に検討し、法人化によって自分たちの活動がよりやりやすくなり、そして、よりよい活動ができるのかどうかを判断して決めるべきでしょう。

　ただし、いままで比較的ゆるやかな規則や運営方法をとってきた団体にとっては、法に則った運営や規則の整備など煩雑なことが増えますので、その点について事前に覚悟しておかないとたいへんなことになります。

　それではここで、法人化のメリット・デメリットについて確認していきましょう。

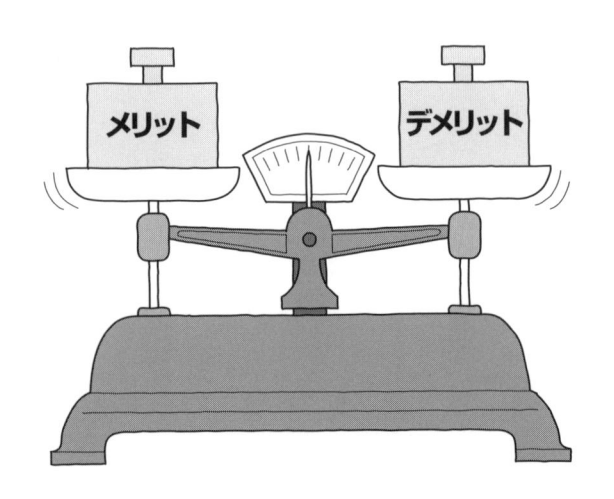

●法人化のメリット

◆社会的信用が高まる
　任意の団体で活動している場合と法人の場合とでは、相手の対応や受け取り方がちがってきます。通常、法人として活動しているほうが相手に安心感を与えることができるでしょう。多くの団体が、法人化の最大のメリットとして「社会的信用の増加」を挙げているというデータがあることからも、十分納得することができます。

◆法人名による契約や登記ができる
　任意団体の場合には、団体名では契約や登記ができないので、代表者の個人名で契約や登記をすることになってしまい、非常に不都合でした。団体の代表者が代わるたびに、あらためて契約や登記をし直さなくてはならなかったからです。団体自体が権利の主体になれることによって、このような不都合も解消されます。

◆事業委託や補助金が受けやすくなる（こともある）
　行政からの事業の委託や補助金は、対象者を法人に限定していることが多いようです。したがって、法人化によってそれらが受けやすくなります。

◆寄付金が集めやすくなる（こともある）
　非営利、公益目的であることが明らかになることから、寄付金が集めやすくなることもあります。認定NPO法人になると、さらに税制上の優遇措置がありますので、いっそう集めやすくなるでしょう。

◆書類などの提出があるため、活動が引き締まる
　NPO法人になると、毎年、報告書等の提出が義務づけられます。このことによって、任意団体のときには馴れ合いになってしまいがちな部分もきちんとしなければならず、活動が引き締まることがあります。

◆責任感が高まる
　書類提出などに加え、活動内容が公告されることもあって、社員の意識が高まり、任意団体よりも責任をもって活動に臨めるようになったという意見もあります。

●法人化のデメリット

◆活動内容に制限がかかる
　法人は事業目的（事業内容）の範囲内でしか存在できませんし、活動できません。任意団体なら、そういった制約も受けません。したがって、法人においては、その事業内容は定款の制約を受けます。事業内容を変更しようとすると定款の変更が必要になり、そのためには総会を開いて決議をし、さらに所轄庁の認証を受けなくてはならなくなり、結構たいへんです。そこで、将来事業としてやりそうなことは当初から定款に記載しておくことをお勧めします。

◆きちんとした経理・事務処理が求められる
　経理は正規の簿記の原則に基づいて処理することが要求されます。さらに毎年の事業報告書や収支計算書などの事務所への備付け、また、その資料の情報公開の義務が生じてきます。

◆法人税がかかる
　利益がまったく上がらなくても、法人住民税（都道府県・市町村）の均等割で最低7万円はかかります（ただし免税措置がある場合もあります）。基本的には収益事業をまったくしない団体は法人税の課税対象ではないため、税務申告はもちろん、税務署への届出も必要ないことになっています。ただし、法人税法上の収益事業に該当する非営利事業については法人税の課税対象となることもあるのでご注意を。

◆毎年、報告書等の提出が義務づけられる
　法人になると毎事業年度終了後3か月以内に事業報告書等および役員名簿等を作成し、所轄庁へ提出およびそれらの書類の情報公開の義務が生じます。

◆社会保険の加入義務が生じる
　法人には社会保険の加入義務が発生します。もちろん、常用雇用者がいれば、労働保険の加入義務も生じます。

　以上のようなメリット・デメリットがあることを念頭において、法人化について十分検討することをお勧めします。

3　NPO法人の現状

●全国で法人数はどれくらいある？

　全国各地で多くのNPO法人が設立、運営されています。その実状はどうなっているのでしょう。

　認証数と人口10万人あたりの認証法人数のどちらも東京都がダントツで多く、他県をリードする結果となっています。認証数では、これに次いで大阪府、神奈川県、北海道、千葉県、埼玉県となっています。

　人口10万人あたりの認証法人数では、東京都に次いで長野県、京都府、大分県、佐賀県と続きます。住民の認知度や行政の支援などが背景になっているものと考えられます。

●●NPO法人の認証数●●

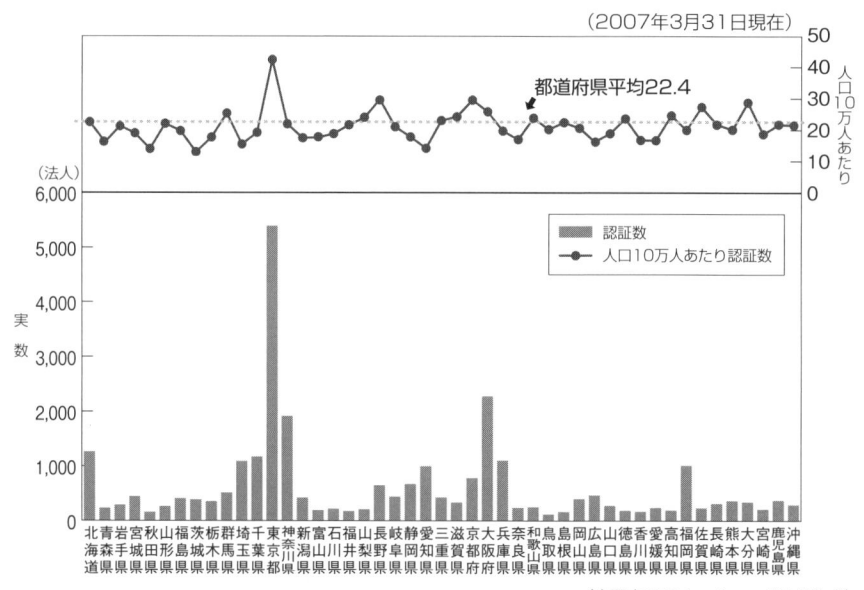

（2007年3月31日現在）

都道府県平均22.4

（内閣府NPOホームページより作成）

第1章◆NPO法人とはどんなもの？　23

●●所轄庁別NPO法人数●●

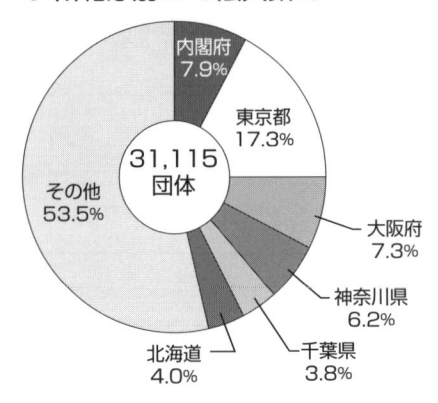

31,115団体

- 内閣府 7.9%
- 東京都 17.3%
- 大阪府 7.3%
- 神奈川県 6.2%
- 千葉県 3.8%
- 北海道 4.0%
- その他 53.5%

主にどんな分野で活動しているのか

　NPO法人は、特定非営利活動促進法に基づき、特定非営利活動の種類（50ページ参照）を定めなければなりません。これを統計すると、どのような活動をしているNPO法人が多いのか、その傾向を把握することができます。

　もっとも多いのが、「保健・医療又は福祉の増進を図る活動」で実に58％を占めています。これに次いで「社会教育の推進を図る活動」が46％と

●●定款に記載された「特定非営利活動」の種類●●

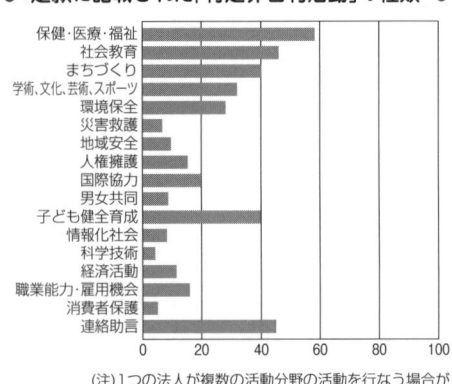

- 保健・医療・福祉
- 社会教育
- まちづくり
- 学術、文化、芸術、スポーツ
- 環境保全
- 災害救護
- 地域安全
- 人権擁護
- 国際協力
- 男女共同
- 子ども健全育成
- 情報化社会
- 科学技術
- 経済活動
- 職業能力・雇用機会
- 消費者保護
- 連絡助言

（注）1つの法人が複数の活動分野の活動を行なう場合があるため、合計は100％になりません。

●●法人が定款に記載している「分野」の数●●

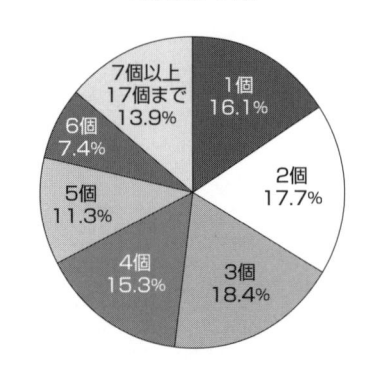

- 1個 16.1%
- 2個 17.7%
- 3個 18.4%
- 4個 15.3%
- 5個 11.3%
- 6個 7.4%
- 7個以上17個まで 13.9%

なっています。

　NPO法人の活動は1分野に限定されるものではありません。複数の特定非営利活動を行なうことができます。一番多いのが3分野の18％、これに2分野、1分野、4分野と続きます。

　法律で規定する17の活動分野の最後にある「前各号に掲げる活動を行う団体の運営又は活動に関する連絡、助言又は援助の活動」が45％と半数近くを占め、この分野をからめているNPO法人が多いことがわかります。

法人認証数の推移

　全国のNPO法人は、1998年度末に23、翌99年度末に1,724でしたが、年々急増し、2006年度末には31,116となりました。

　それと比例して解散数も増えており、2006年度末までに1,202法人が解散しています。

●●NPO法人の認証数と解散数●●

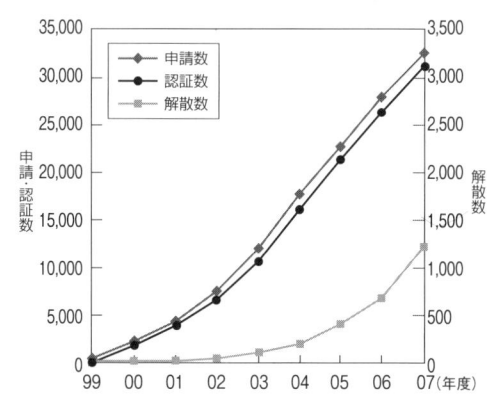

●●主な公益法人とその数●●

法人名	根拠法	法人数
学校法人	私立学校法	7,875法人（平成18年4月1日現在） 文部科学省所管：665法人 都道府県所管：7,210法人
社会福祉法人	社会福祉法	18,453法人（平成18年3月31日現在） 厚生労働省所管：195法人 都道府県所管：18,258法人
宗教法人	宗教法人法	183,200法人（平成17年12月31日現在） 文部科学省所管：1,026法人 都道府県所管：182,174法人
医療法人	医療法	41,720法人（平成18年3月31日現在） 厚生労働省所管：695法人 都道府県所管：41,025法人
更生保護法人	更生保護事業法	163法人（平成19年4月1日現在）
特定非営利活動法人（NPO法人）	特定非営利活動促進法	31,116法人（平成19年3月31日現在） 内閣府所管：2,459法人 都道府県所管：28,657法人
公益法人	民法	24,893法人※（平成18年10月1日現在） 国所管：6,776法人 都道府県所管：18,253法人

※国と都道府県の共管重複分を除いた実数

（『公益法人白書』平成19年度　公益法人に関する年次報告、総務省より作成）

4 NPOによくある誤解

●意外と知られていないNPOのこと

　NPO活動をしている人が増えてきたので、NPO自体は認知されてきているかというと、まだまだです。しかも、実際に活動している人でも、ミッションや活動内容に共感しているだけの場合も多いようで、NPO法人についてはあまり詳しくないのが現状です。

　設立の手続きは、専門家や中間支援NPO（NPOの設立運営をサポートしてくれるNPO）に助けてもらってできたものの、実際に始めてみるとわからないことだらけ。だからといって「知らなかった！」「聞いてないよ！」ではすまされません。ぜひ、設立の前から知っておいていただきたいと思います。

　次ページから挙げる質問は、とくに勘違いされやすいもの、わかりにくいものを集めてみました。

　あくまで導入部分ですので、簡単な（大まかな）説明になっています。詳しい説明は、 もっと詳しく！ 関連 ページをご覧ください。

> NPO法人を知るための最初の一歩♪
> いろいろな疑問・質問から
> NPO法人を知りましょう！

第1章◆NPO法人とはどんなもの？

> **質問** NPO法人だから、お金は稼いじゃダメ？
>
> 非営利活動っていうくらいだから、お金を稼いだりしたらいけないんですよね？でも、どうやって運営していくんだろう…。

⇒ **NPO法人でも、お金を稼いでかまいません。よい活動を広めるためには運営資金が必要ですから、どんどん稼ぎましょう。**

　特定非営利活動法人（NPO法人）のなかにある"非営利"という言葉がどうやら誤解を招く原因のようです。この"非営利"とは、仮に活動を通して利益（収入－支出＝利益とする）が出た場合に、その利益を役員や会員で分け合わないことをいいます。逆に、企業などはこの利益を役員や株主に分配するわけです。ですから、NPO法人は利益を特定の人に分配してはいけないのであり、その利益は今後の不特定多数の人々のための活動に使えばよく、そのためには、どんどんお金を稼ぐことは可能です。

　営利を目的とするのはNPO法人ではなく、企業なので、設立要件（NPO法第2条）のなかにも「営利を目的としないものであること」とありますから、営利事業ばかりやることはできません。NPO法人にとっての収益（＝営利）事業は、いわゆる副業的な位置づけです。

　しかしながら、現在のNPO法人のなかにはこのお金を稼ぐ事業への抵抗感をもっているところも少なくないようです。そこで、事業ではなく、寄付や会費収入、あるいは補助金や助成金を頼りにしてしまっているところも見受けられます。そのような資金繰りが続くしくみができていればよいのですが、補助金や助成金などは限りあるものなので、やはり早いうちからそれ以外の収入源を確保する活動を考える必要があるのではないでしょうか。公益事業でも、無料（安価）にする必要はなく、事業を継続するために必要な対価として自信をもってお金をもらってください。

もっと詳しく！ **関連** ●第3章　活動の継続のために必要な収入源（119ページ）

質問 NPO法人の17分野以外のことはやっちゃいけない？

特定非営利活動促進法にある17分野のいずれかに該当しなくちゃいけないらしいけど、それ以外の活動はやってはいけないんですよね？

→ 重要なのは"主たる目的"が特定非営利活動促進法にある17分野に該当するかどうかです。したがって、"主"ではなく"従たる"目的であるほかの活動も並行して行なってよいのです。

●●NPO法人の事業●●

主たる事業
17分野に該当する事業
「特定非営利活動に関わる事業」

従たる事業
主たる事業以外
「その他の事業」

　NPO法人の事業には、会計で区分する2つの事業、すなわち「特定非営利活動に関わる事業」と「その他の事業」があります。「特定非営利活動に関わる事業」は、法が認める17分野に該当する事業です。一方、「その他の事業」は収益を目的として、「特定非営利活動に関わる事業」とは別の事業を行なってもかまわないのです。ただし、ここで出た利益を役員や会員で分けることはできず、あくまでこの利益を主たる目的の運営のために使います。要は、活動運営費を「その他の事業」で稼ぐといったところでしょうか。

　しかし、その他の事業（従たる事業）の支出は「総支出の5割以内」までと決まっているので、ご注意を！

もっと詳しく！関連
- 第2章　活動目的は明確にしなければならない（50ページ）
- 第5章　NPO法人に求められる区分経理を理解しよう（151ページ）

| 質問 | NPO法人って、税金がかからないの？ |

非営利活動っていうから、収益が上がっても税金はかからないんじゃない？
NPO法人は税金面でメリットあるって話、聞いたことあるし…。

➡ 事業の内容や収入の項目によっては非課税になります。しかし、それ以外の部分ではNPO法人でも税金はかかります。ちゃんと納税しましょう。でも、噂どおり税制措置があるところもあるんです。

NPO法人では、"非課税である公益事業"と"課税される収益事業（その他事業）"というものがあります。このうち、公益事業からの利益に対しては非課税となります。逆にいうと、すべての事業に税金がかからないというわけではありません。

赤字でも「法人」であるがゆえに、毎年7万〜8万円かかる！
法人住民税（都道府県・市町村）の均等割（市町村によって額は異なる）

⬇

地域によっては、一定条件に当てはまると赤字の場合の税金は免除！

納税は国民の義務であり、ある意味社会貢献ですから、喜んで納税できるようになることが、NPO法人のあるべき姿なのではないかと思いますが、やはり資金繰りについては悩みのタネ。軌道に乗った時期ならばよいのですが、活動初年度などの出費として税負担は大きいものです。

しかし、ここで登場するのが、NPO法人の特権！

地域によっては、赤字の場合に法人住民税（都道府県・市町村）の均等割が免除になることもあります。この手続きはあとからするものではなく、前もってすませるものです。赤字になるかどうかはさておき、手続きをお忘れなく。

もっと詳しく！ 関連
- 第1章　会計や税金など、甘くない運営（41ページ）
- 第5章　NPO法人も税金と無関係ではない（156ページ）

質問　NPO法人ってことは、みんなボランティア？

非営利活動ってことは、活動している人たちもみんなボランティアなんですよね。ボランティアの割には大変そうだけど…。

➡ **NPO法人でも、ボランティア（無償）とは限りません。有償のボランティアもありますし、従業員として給料をもらう職員がいるところもあります。**

「NPO＝ボランティア」というイメージは、だいぶなくなってきたものの、まだ残っているようです。ボランティアのなかでも、有償のボランティアをお願いしていたり、あるいは企業と同じように労働者としての従業員を雇っているNPO法人もあります。さらに、企業と同じように社会保険や労働保険に加入するなど、基本的には企業に勤めることと同等の扱いになります。しかし、現状では、資金の苦しいNPO法人も多いので、常勤の従業員といっても、最低賃金レベルのことが多いようです。

でも、"労働"をしたくてNPO法人に勤める人よりも、想いや活動内容に共感してくれた人に働いてもらうほうがうまくいくことでしょう。そうなると、お給料の額よりもやりがいが重要です。やりがいがあれば、他人からたいへんそうだと思われることでもこなしていけるでしょうから…。

そして活動を継続的に行なうには、給料の支払いは大切なこと。収入がなくては続けていくことが難しくなります。どちらにしても、活動が大きくなると従業員は必要なので、できるだけ給料が支払えるようになることを目標にしていきましょう。

もっと詳しく！関連
- ●第1章　ボランティアとのちがい（14ページ）
- ●第4章　スタッフやボランティアは大切な構成員（128ページ）

質問　NPO法人だと、補助金や助成金がもらえる？

NPO法人って、補助金や助成金をもらって活動しているんですよね？
だったら、NPO法人にしようかな…。

> たしかに、補助金や助成金をもらって活動しているNPO法人は少なくありませんが、NPO法人だからといって確実にもらえるわけではありません。いただくためにはいろいろたいへんなんです。

　NPO法人でありさえすれば補助金・助成金がもらえるというのは大きな誤解です。しかし、そういうイメージをもっている人がいるのも事実です。とくに、企業としては補助金や助成金がもらいにくくなってきていますし、近年、NPO法人限定の補助金や助成金が出てきているからか、NPO法人だったら有利なのではないかと勘違いされているのかもしれません。

　補助金・助成金は調べるとかなりの分野のものがあることに驚きます。行政や企業が出しているもの、あるいはNPOを支援しているNPOが出しているものもあります。しかし、たくさんあっても申請したいと思っているNPO法人の数も増えているので、申請書類の内容やプレゼンのしかたなどが高度になっていて、申請したものの受給できる確率は少なくなっています。しかし、補助金・助成金はNPOをステップアップするチャンスです。チャレンジはしていきたいですね。

> 「補助金や助成金がもらいやすいから」という理由でNPO法人を設立するのだったら、オススメできません。

もっと詳しく！　関連
- 第3章　よく耳にする補助金・助成金とは？（121ページ）
- 補助金・助成金をもらうための情報収集（123ページ）

> **質問** NPO法人だから、寄付をもらいやすい？
>
> 活動資金をつくるために寄付を集めたいと思うけど、NPO法人だったらきっと集まりますよね？

→ NPO法人だからといって、寄付が集まるわけではありません。やはり活動の内容や想いに共感してもらえたり、活動の透明性が必要です。でも実は…、NPO法人だから集まりやすいかもしれません。

寄付を集めるときのポイントなどは後述するとして、「実際、NPO法人だから…」という理由だけで寄付が集まるわけではないのですが、NPO法人だからこそ集まる"寄付"があります。

寄付というとお金（寄付金）をイメージしてしまいますが、それだけではありません。労働（無償ボランティア）も、その人が会社に行って働いたらお金になりますし、人を雇うことを考えたら、間接的にお金を寄付してもらっているとも考えられます。賛同してくれる人が活動に使う道具などを寄付してくれたり、ボランティアのみなさんに食事や飲み物を出してくれるのも寄付です。

物やサービスを提供することは、企業ではなかなか考えにくいもので、そういう意味では、NPO法人には寄付が集まりやすいといえます。

ただ、実際この寄付をうまく集められているNPO法人はまだ少ないといわれています。そこで、お金を寄付した人が税金面で優遇措置が受けられる認定NPO法人が生まれましたが、まだまだ認定NPOになるのはハードルが高いようです。いつの日か、通常のNPO法人にも寄付金に対する優遇措置がとられる日がくることを願います。

もっと詳しく！ 関連
- 第3章　寄付金収入は臨時収入と考えよう（120ページ）
- 第5章　認定NPO法人と税制優遇措置（168ページ）

第1章◆NPO法人とはどんなもの？

> **質問** 気の合う仲間だけで、何人からでも始められる？

> 身近な仲間で話しているうちに、NPO法人をつくろう！　ってことになったんだけど、少ない人数でも大丈夫かな？

➡ 残念ながら、最低でも10人の仲間（社員）が必要です。個人や一部の人だけではなく、多くの人に支持される活動であることがNPO法人に必須の要件です。

　NPO法人の設立条件のなかに、「最低10人以上の社員が必要」とあります。ここで使う社員は"会社員"をイメージされる人が多いのですが、そうではありません。法律上の専門用語として使う「社員」は、人の集まり（社団）を構成している人（構成員）のことを表現しています。

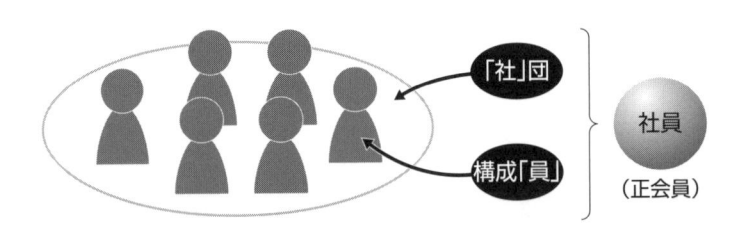

「社」団
構成「員」
社員
（正会員）

　そしてこの社員になる人には、条件をつけてはいけないことになっています。要は、"来るもの拒まず、去るもの追わず"で、拒むことができない＝誰でも自由に社員になれるし、やめることもできるということなのです（厳密にいうと、特別な場合に制限をつけられる場合もあります）。特定の集まりや仲間だけの活動ではなく、たくさんの人のためになる活動にするためにも、間口の広いオープンな団体でなくてはなりません。

　少数の中心メンバーでスタートして趣旨や目的、活動を決めていき、段々と仲間を増やすケースも多いのです。ぜひ新しい仲間を探してみてください。

もっと詳しく！ 関連
- 第2章　NPO法人になるには（44ページ）
- 第4章　スタッフやボランティアは大切な構成員（128ページ）

> **質問** 信頼できる家族や親戚だけを役員にしたいのだけど…。大丈夫?
>
> 役員は4人で、役員も合わせた社員が10人必要になるらしい。他人にお願いするのも大変だし、信頼できる家族や親戚に頼んでみるか…。

➡ **これにも決まりがあり、役員になれる親族の人数が制限されています。身内だけではNPO法人は設立できません(役員については、第2章参照)。**

　NPO法人を運営するのはたいへんなので、できるだけ気心の知れた信頼できる人が集まることに越したことはありません。そのせいか、「親戚にお願いすれば、10人は集めることができます」と答える人もいます。しかしながら、株式会社などの家族経営はよくあることですが、NPO法人では、役員になれる親族(3親等内)の割合が決められています。

　それぞれの役員について、その配偶者や3親等内の親族が役員総数の3分の1を超えてはいけないという規定です(NPO法第21条)。

　役員の人数が4人であれば、親族は入れることができません。役員が6人以上になった場合に、本人プラス1人となります。なお、社員(正会員)には親族の制限はありません。

　設立のためだけに人数をそろえるのではなく、ともにNPOを設立したいという人を集めるように心がけたいものです。

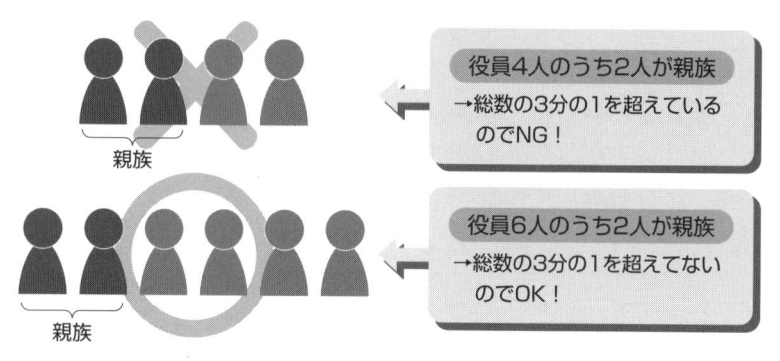

役員4人のうち2人が親族
→総数の3分の1を超えているのでNG!

役員6人のうち2人が親族
→総数の3分の1を超えてないのでOK!

> **もっと詳しく! 関連** ●第2章　NPO法人になるには(44ページ)

| 質問 | 役員報酬がもらえるのは役員の3分の1ってことは、ほかの理事は無償ボランティア？ |

何人かの人が理事になるけど、役員報酬をもらえるのが3分の1だと不公平じゃない？　どんなに手伝っても無報酬なら役員になりたくないな。

→ ここでいう「報酬」と「給料」とはちがいます。役員報酬とは、役員であることによる報酬であり、普通に働いた分の報酬は給料として、役員全員がもらってもよいのです。

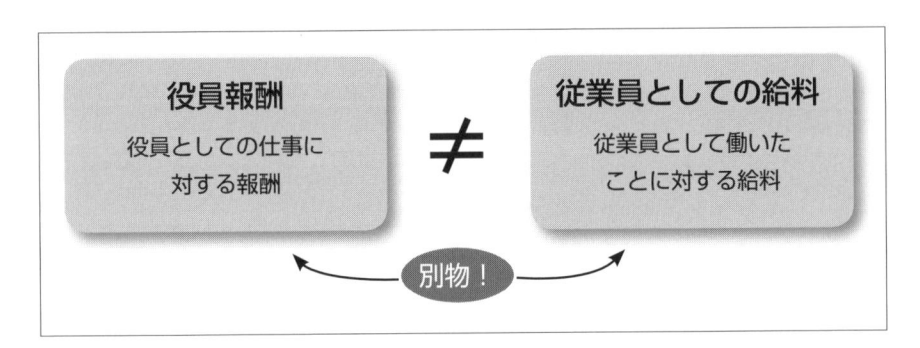

| 役員報酬
役員としての仕事に対する報酬 | ≠ | 従業員としての給料
従業員として働いたことに対する給料 |

別物！

「従業員には給料を出すけど、自分は役員だし、報酬をもらえる3分の1のなかには入っていないから、ボランティアじゃなきゃいけないんだよね」と思っている人もいますが、役員報酬と給料は別物であり、給料は役員でももらうことができます。ですから、従業員と同じように働いた分についてはきちんと給料をもらってください（払ってください）。ただし、役員としての仕事の部分に関しては役員報酬となるので、ご注意を！

また、役員のなかでも"監事"は団体を監督する役目なので、従業員を兼ねることはできないという規定があります。もし、監事が働いた場合については、役員報酬として支払う方法があります。

もっと詳しく！　関連　●第4章　給料は計画的に支払うこと（135ページ）

> **質問** 会社が兼業や副業禁止だから理事にはなれない？
>
> 会社に勤めているのですが、NPO法人の活動に興味があります。でも、会社では兼業は禁止されているので、ダメでしょうか…。

⇒ **これは会社の判断によります。でも、NPO活動に関して柔軟な考えをもっている会社も多くなってきているようです。**

　会社が従業員の兼業などを禁止するのは、以下のような不安や懸念があるからです。その不安がなければ、活動自体はかまわないと判断してもらえる範囲のボランティア活動に対してはOKがでることが多いようです。

●●会社が兼業や副業を禁止する主な理由●●

◎精神・肉体的に負担になって本業がおろそかになってしまうことへの不安
◎自社の大切な情報などが漏洩することに対する不安
◎対外的に不利益を受けるような活動ではないかどうかの懸念など

注意が必要なのは ■■■■■▶ 「理事（役員）に就任する」
「報酬をもらう活動をする」

　理事などの役員になる場合は、副業・兼業禁止の決まりごとのほかに、「団体の役員になってはいけない」とか、「社外の役員になる場合は会社の許可を得ること」などという就業規則の規定に注意しなければいけません。

　公務員だと、給料以外に報酬をもらうことは原則禁止で、許可が必要になってきます。報酬をもらわない役員であれば、就任することは問題ないのですが、前もって確認しておいたほうが無難でしょう。

質問　NPO法人の理事になったら、リスクってある？

友達から「人数が足りないからNPO法人の理事になってくれないか」って頼まれたんだけど、何かリスクってあるのでしょうか？

→ "社員（会員）"になることでのリスクはないのですが、"理事"はちがいます。理事はいわゆる経営者（法人運営者）なのです！

　NPOだからといって、気軽に理事への就任をお願いをする人もいれば、気楽に引き受ける人もいるようですが、そんな簡単なことではないのです。というのも、理事には法人の運営責任があるからです。

　もし、理事になっているNPO法人に何かしらのトラブルがあったら…。もし、資金的に人に迷惑をかけてしまったら…。

　法に触れることに関しては、重大な過失がない限りは責任を負わないこともありますが、絶対とは言い切れません。それ以外でも世間で考える精神的なダメージを負わせてしまうようなことがあった場合に、理事である個人に対しても信用をなくしてしまうことも考えられるでしょう。

　それくらい理事は大切なポジションであることを理解してください。

理事になるときは、活動の目的や内容をしっかり確認しましょう。

理事をお願いするときは、名前だけではなく、想いや趣旨をしっかり説明し、共感してもらえる人にしましょう。

> **質問** 起業するよりは、NPO法人のほうが簡単？

定年後、何かやろうと思っています。だけど、起業するとなると面倒だから、NPO法人をつくったほうが簡単だよね？

↳ 結論からいうと、どちらもたいへんです！ 何をやりたいのか、どうしてやりたいか、どうなりたいか等をよく検討することをオススメします。

　株式会社をつくって経営するよりも、NPO法人を設立運営するほうが簡単だと考える人もいるのですが、それにはNOとハッキリお答えします。

　起業して経営するだけであれば、それこそ1人からできます。

　しかし、NPO法人はそうはいきません。最低4人の役員や役員を含めて最低10名の社員（正会員）が必要です。つまり、構成メンバーのマネジメント能力を求められるわけです。公益事業と収益事業という2つの事業を計画・実行し、決算を行なう必要もあります。マネジメント能力とあわせて、経営能力がないと資金繰りが苦しくなり、よい活動も続けていくことが困難になってしまいます。

　さらには、個人事業では必要とされていない、事業年度ごとの事業報告や変更事項があった場合の届出などがNPO法人には義務づけられています。公益性をもつ団体ゆえでしょう。

　確かに、法人を設立する際に、印紙代などの手数料がかからないのはNPO法人だけなので、その点に関してはメリットといえるかもしれませんが、株式会社による起業同様の覚悟と気合を入れていただきたいと思います。

もっと詳しく！　関連
- 第1章　株式会社より安く設立できる（56ページ）
- 第3章　毎年行なう事業報告・変更のための書類作成（109ページ）

> **質問** とりあえず立ち上げて、嫌ならやめればいい？
>
> 設立するのにお金もかからないし、運営も大変そうだけど、やってみて、たいへんだったらやめればいいから、立ち上げてみればいいよね？

→ 立ち上げることもたいへん。やめるとき（解散）は、もっとたいへんです。

昨今、解散するNPO法人が増えてきています。

NPO法第31条に基づく解散の理由

社員総会の決議、定款で定めた解散事由の発生

目的とする特定非営利活動に係る事業の成功の不能

社員の欠亡、合併、破産、設立の認証の取消し、その他

せっかくみんなで始めたのに、解散するのは残念なことでしょう。ましてや、解散の手続きが必要ですし、ホームページなどに「解散をしました」とずっと告知されるので、会社をたたむのと同じようにたいへんな作業です。「結婚よりも離婚のほうがたいへん!?」なんて言葉がNPO法人の設立と解散にも当てはまるのでしょう。

そして、ほとんど活動していなくても法人住民税（都道府県・市町村。毎年7万～8万円）がかかってしまいます。もちろん、減免される税制措置がある地域もありますが、それもずっとあるかどうかはわかりません。

ですからNPO法人を設立する際は続けていけるのかどうか、よく検討しましょう。

> **もっと詳しく！ 関連** この本は"設立・運営"の本なので、解散についてはあえて詳しく記載しません。残念ながら解散せざるを得ない場合は、各所轄庁NPO窓口にお問い合わせを。

⑤ 会計や税金など、甘くない運営

　「設立したのはいいけれど、思っていたよりも会計事務、税金、所轄機関への報告がたいへんだった！」という声を、NPO法人の関係者から耳にすることがあります。株式会社も経営しているNPO法人の役員からは、「2つの会社を経営しているみたいだ」とも聞きます。

　これからの章で詳しく説明していきますが、NPO法人には公益事業と収益事業の2つが並行しています。基本的には、公益活動・収益活動のそれぞれで会計などをまとめていかなければなりません。

　また、法人に関する手続きや税務なども必要ですし、収入が多くなってくると消費税も納めなければなりません。定款の取り決めにより、所定の時期になると、役員会や総会などを開催し、関係者の合意形成を図りつつ運営しなければなりません。また、社員（いわゆる会員）も入退会を自由にしたり、役員改選も行なう必要があります。

　意外にそういう事実を十分に理解しないで法人化を突き進め、あとになって悔やんだり苦労するケースが多いのです。NPO法人のメリットとデメリットを十分に検討して理解したうえで、NPO法人を設立しましょう。

第2章

NPO法人のつくり方

1 NPO法人になるには

●NPO法人ではいろいろな人が働いている

　役員、理事、監事…。日常生活では聞き慣れませんが、NPO法人では、立場が異なる人たちが働いています。簡単に説明しておきましょう。

> 役員とは——理事と監事の総称
> 理事とは——会社でいう「取締役」のようなもの。法人の運営について、より重要な決定をする人たちのこと
> 監事とは——会社でいう「監査役」のようなもの。組織が正常に運営されているかどうかをみる人のこと
> 社員とは——（社団の）構成員のことで、従業員とは異なる
> 職員・スタッフ・従業員とは——129ページ参照

●●理事と監事がNPO法人の「役員」●●

理事
- 仕事：法人の業務を決定・執行する
- 職員として給料をもらえる。給料とあわせて役員報酬をもらえる場合もある（人数の制限はある）
- 理事は監事になれない（職員にはなれる）

監事
- 仕事：理事の業務や財産状況を監査する
- 給料はもらえない（監査する立場なので）が、役員報酬はもらえる
- 監事は理事や職員になれない

●NPO法人が満たさなくてはならない要件とは？

　NPO法人を設立することになったら、さっそく、書類作成にとりかかりたいところですが、ちょっと待った！　NPO法人になるには、満たさなくてはならない条件があるのです。これをクリアするのが第一歩。

●●あなたが考えている活動や団体は？●●

> Q1　特定の人たちだけが得をする活動ではないか？
> Q2　仲間（社員）になるために、条件をつけてはいないか？
> Q3　10人以上の仲間（社員）はいるか？
> Q4　役員として3人以上の理事と1人以上の監事の人はいるか？
> Q5　役員のうち報酬を受ける人の数が、役員全員の数の3分の1以下になっているか？
> Q6　宗教活動や政治活動が主たる目的になっていないか？
> Q7　特定の公職者（候補者を含む）または政党を推薦、支持、反対することを目的にしていないか？
> Q8　暴力団もしくは暴力団または暴力団員の統制の下にある団体ではないか？

　いかがでした？　それぞれどのような回答が出たでしょうか？　スタートラインに立ったばかりの人と、もうすでに活動の主体がある人では回答できる数もちがったことでしょう。
　次ページからは、いまの質問についての回答を兼ねた説明です。自分の活動や団体を想像しながら、読み進めていってください。

A₁ 営利を目的としないこと

　特定非営利活動以外の「その他の事業」を行なってもOKです。ただし、その収益は本来の特定非営利活動に使わなければなりません。「非営利」という意味は、簡単にいってしまえば、社員に利益を配分しないということです。

A₂ 社員の資格の得喪に関して、不当な条件を付さないこと

　こういう人はOKだけど、こういう人はダメとか、会費がとても高いなど、入会が制限されるようなことは、団体の目的、事業内容などから合理性が認められる場合を除き、原則として認められません。同様に、退会に関しても任意にできるようにしておく必要があります。

　ただし、正会員以外についてはどのような条件をつけてもかまわないとされています。

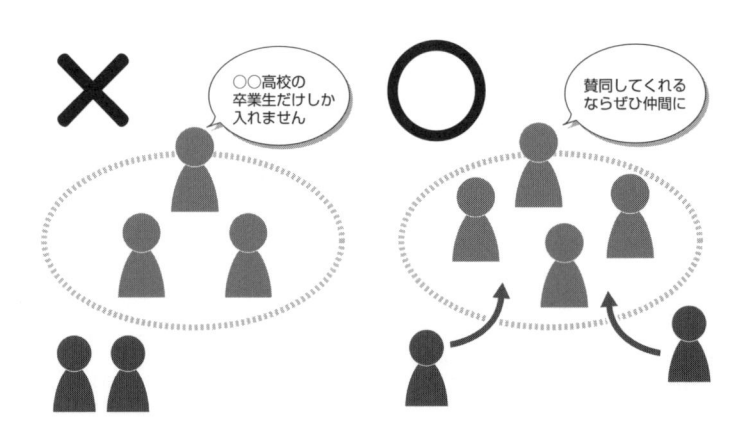

A3 10人以上の社員が必要
A4 役員として３人以上の理事と１人以上の監事が必要

　設立時に社員が10人以上必要ですが、その10人のうち３人以上の人に理事になってもらい、さらに１人以上に監事になってもらえばOKです（必ずしも社員のなかから選ぶ必要はありません）。それから、役員のなかに親族の数について制限があるので、こちらについても注意してください（35ページ参照）。

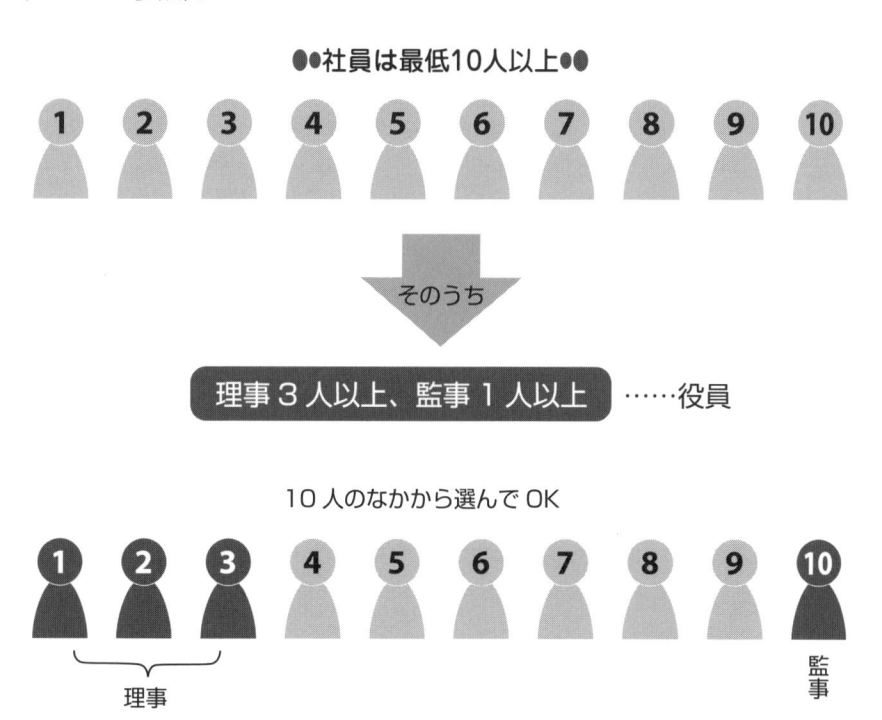

●●社員は最低10人以上●●

① ② ③ ④ ⑤ ⑥ ⑦ ⑧ ⑨ ⑩

↓ そのうち

理事３人以上、監事１人以上 ……役員

10人のなかから選んでOK

① ② ③ ④ ⑤ ⑥ ⑦ ⑧ ⑨ ⑩

理事　　　　　　　　　　　　　　監事

A5 役員のうち報酬を受ける者の数が、役員総数の３分の１以下であること

　役員報酬とは、給料とは別物です。そして、役員全員に支払えるものではなく、役員総数の３分の１以下までならば支払えるということが決まっています。したがって、役員報酬は必ず払うべきものではありませんし、誰に対しても支払わなくても問題ありません。NPO法人の趣旨や、運営状況を考えると、役員報酬を支払うNPO法人はまだまだ少ないのではないでしょうか？

第１章でも説明していますが、役員報酬は雇用契約を結んでいるような職員に支払う"給与"とはちがいます。たとえば、理事兼事務局長という人がいる場合、その人が給与のみをもらっているのであれば、「役員報酬を得る者」には含まれないので、ご安心ください。

●●何人が役員報酬を受け取れる？●●

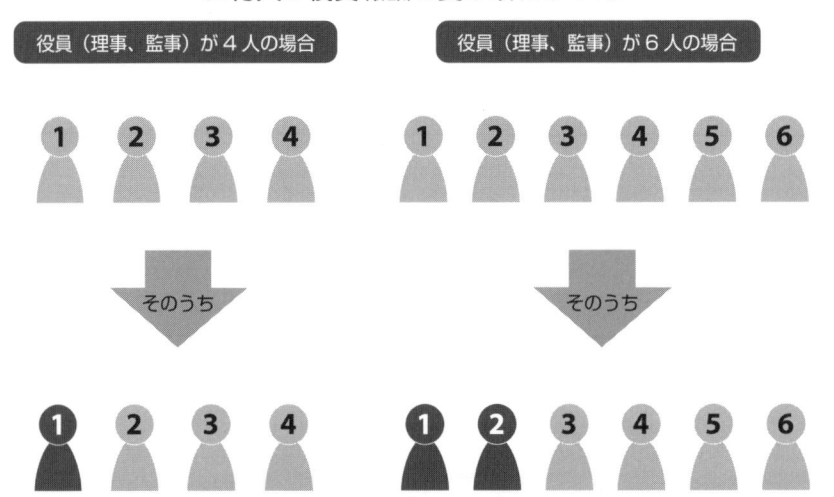

役員（理事、監事）が４人の場合

役員（理事、監事）が６人の場合

そのうち

そのうち

※役員報酬と給与はちがう。給与は何人に出してもOKだが監事には出せない。

A6 宗教活動や政治活動を主たる目的としないこと

　布教活動や政治上の主義の推進・支持・反対など、これらを主たる目的とすることはできません。

A7 特定の公職者（候補者を含む）または政党を推薦、支持、反対することを目的としないこと

　選挙運動は従たる目的としても認められません。

A8 暴力団でないこと、暴力団または暴力団員の統制の下にある団体でないこと

　正確には「暴力団でないこと、暴力団またはその構成員もしくは暴力団の構成員でなくなった日から５年を経過しない者の統制下にある団体でな

いこと」となります。

　まずは、この8つのステップをクリアしなくては前には進めません。「この場合はどうなんだろう？」といった疑問がわいたら、都道府県のNPO相談窓口などにも相談してみてください。クリアされた方は、次のステップへ！

2 活動目的は明確にしなければならない

🔴17の特定非営利活動を意識する

NPO法人の主たる活動の内容は、次の17分野となっています。

●●NPO法人の活動分野●●

①保健、医療または福祉の増進を図る活動
②社会教育の推進を図る活動
③まちづくりの推進を図る活動
④学術、文化、芸術またはスポーツの振興を図る活動
⑤環境の保全を図る活動
⑥災害救援活動
⑦地域安全活動
⑧人権の擁護または平和の推進を図る活動
⑨国際協力の活動
⑩男女共同参画社会の形成の促進を図る活動
⑪子どもの健全育成を図る活動
⑫情報化社会の発展を図る活動
⑬科学技術の振興を図る活動
⑭経済活動の活性化を図る活動
⑮職業能力の開発または雇用機会の拡充を支援する活動
⑯消費者の保護を図る活動
⑰前各号に掲げる活動を行なう団体の運営または活動に関する連絡、助言または援助の活動

17分野を少し詳しくみていきましょう！

①保健、医療または福祉の増進を図る活動

　NPO法人の活動分野でもっとも多いのがこの分野です。高齢者や障がい者の介護サービスなどが該当します。

　社会の高齢化、少子化などによって、これからも注目される分野でしょう。

- デイケアサービス
- 介護する人の
  教育・育成・相談
- 障がい者の自立支援

②社会教育の推進を図る活動

　学校で教わる勉強以外に社会で学ぶことを指します。対象は学生のみならず、社会人や高齢者なども含みます。一生勉強ですから、楽しみながら参加できる活動も多いことでしょう。

- 社会人のための
  生涯学習
- 総合学習の講師派遣
- ある分野の
  研究会・勉強会

③まちづくりの推進を図る活動

　まちづくりや村おこしなどと呼ばれる地域活性化の分野です。その地域がよくなると思われるものであれば、広い意味でとらえて、この分野に該当します。

- 商店街活性化
  （地域通貨・清掃）
- 地域の歴史や文化の伝承
- 地元の人が行なう
  観光案内

④学術、文化、芸術またはスポーツの振興を図る活動

　子どものスポーツ教室などは⑪と、地域の文化については③と、学術の分野であれば②と、両方の意味をもつ活動も少なくないのが特徴の分野です。

- 市民劇団や楽団の運営、支援
- スポーツ振興の活動
- 文化財の保存・研究

⑤環境の保全を図る活動

　エコロジーに関する活動も、注目されている分野の1つです。リサイクルや環境問題のみならず、動物や野鳥の保護、森林保全なども、この分野に含まれます。

- 川や海、山などの清掃活動
- 生ゴミの堆肥化
- 野生動物の保護

⑥災害救済活動

　NPO活動が活発になったのは、阪神淡路大震災後のことだともいわれています。災害の前、災害が起きたとき、災害後など、常に活動が行なわれています。

- 被災地での救援・支援
- 防災知識の周知や勉強会
- 自然災害防止のための研究

⑦地域安全活動

　安全という言葉のなかには、犯罪防止や交通安全、災害や消防、暴力、事故、事件なども含まれてきます。その問題を地域で解決することなどが挙げられます。

- 交通安全パトロール
- 犯罪防止につながる活動
- 事故や事件後のメンタルヘルス

⑧人権の擁護または平和の推進を図る活動

　「基本的人権の尊重」「戦争の放棄」といった憲法にうたわれている分野についての活動です。人間としての尊厳が保たれること、平和に暮らすことに寄与することが含まれます。

- 虐待（児童・DV）の相談
- 戦争、核兵器反対運動
- 部落差別をなくすための活動

⑨国際協力の活動

　海外の国の難民の医療や食糧支援などもそうなのですが、それ以外にも日本国内に住んでいる外国人の支援や国際交流なども含まれます。

- 海外の国との異文化交流
- スニーカーなどを海外に送る活動
- 在日外国人の日本語講座

⑩男女共同参画社会の形成の促進を図る活動

　"男女平等"といわれて久しいですが、社会はまだまだ問題が山積しています。しかし、女性差別だけではなく、男性からみた差別もあることでしょう。そのような性格差が少しでも軽減され、みんなが社会に居場所をもてることを促進する活動です。

- 暴力、セクハラの相談
- パワーハラスメントの防止
- 子育て教室

⑪子どもの健全育成を図る活動

　子どもたちの成長を促す活動から、虐待やいじめなどの防止や相談など、両方の活動が行なわれています。学校や家庭ではできない部分を補う活動です。

- 職場体験プログラム
- ひきこもり、不登校の相談
- 子どもたちの経済教育

⑫情報化社会の発展を図る活動

　インターネットや携帯電話などの普及により、必要とされている分野です。情報化社会と上手にお付き合いすることや普及することと合わせて弊害についての防止活動などがあります。

- 高齢者のための携帯電話講座
- ITお助け隊
- 子どもたちへのネット教育

⑬科学技術の振興を図る活動

　新技術を開発し普及させること、優れた技術を普及させる事業がこの分野に当てはまります。先生、教授、研究者が活動の原動力になることもあります。

- ナノテクノロジーの研究
- 子どもたちの研究・実験体験
- 新技術普及活動

⑭経済活動の活性化を図る活動

　経済の活性化につながる活動を指すので、これから起業する人を支援したり、すでに経営をしている企業などの支援などがあります。③や⑤の活動とあわせて地域通貨などもここに当てはまります。

- 事業主のための経営相談
- 起業家育成セミナー
- 地域チャレンジショップ

⑮職業能力の開発または雇用機会の拡充を支援する活動

　ニートやフリーターが社会問題になっている昨今。この分野が新しく追加された意味もよく理解できます。団塊の世代の退職や失業率の高い地域などではとくに必要とされている活動でしょう。

- 求職者のためのパソコン実習
- キャリアカウンセリング
- 起業、経営者の雇用管理講座

⑯消費者の保護を図る活動

　高齢者などを相手に悪質な販売や詐欺事件が多発しています。また、消費者金融などの貸金業の普及に伴った問題も急増しています。そのようなことに対しての情報提供や防止を図る活動などです。

- ●悪質商法などの防止活動
- ●商品の品質や安全などの研究
- ●自己破産などお金に関する相談

⑰前各号に掲げる活動を行なう団体の運営または活動に関する連絡、助言または援助の活動

　①から⑯までの活動を行なう団体に対する助言や支援、団体間の連絡・交流を図る活動です。ほかのNPOを支援するNPO法人やNPOに資金を援助している助成団体などが当てはまります。

　まとめてみると、本当にいろいろな活動があるのがわかります。また、全体をみておわかりのとおり、実際には17分野の１つの分野だけに当てはまるものだけではなく複数にまたがる活動も多いことと思います。そういう場合は、当てはまりそうな分野を17分野から複数選んでおけばOKです。

③ 株式会社より安く設立できる

●設立費用ゼロ、資本金ゼロ！

　第1章の「NPO法人とほかの法人との比較表」（13ページ参照）のところでも簡単に説明しましたが、株式会社を設立する場合には、定款に貼る収入印紙代、公証役場での定款認証手数料、法務局で登記をする際の登録免許税などの費用がかかります。合計で約25万円です。

　それに対して、NPO法人を設立する場合には、定款認証の際にも、登記をする際にも、1円もかかりません。つまり設立費用はゼロということになります。

　株式会社を設立するよりも手間はかかりますが、その分費用はかからないという点で大きなメリットがあるといえます。

　また、第1章のLLP、LLCとの比較表（17ページ参照）のところでも軽く触れましたが、NPO法人は資本金もゼロでかまわないのです。

　つまり、NPO法人は設立費用ゼロ、資本金ゼロで設立可能な法人なのです。

●●設立時に最低でもかかる額●●

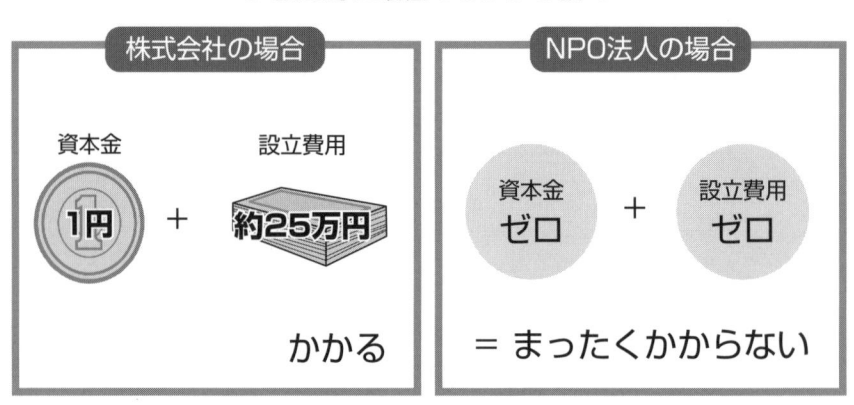

株式会社の場合	NPO法人の場合
資本金 1円 ＋ 設立費用 約25万円	資本金 ゼロ ＋ 設立費用 ゼロ
かかる	＝まったくかからない

●都道府県認可と内閣府認可のものがある

　所轄庁は各団体の事務所の所在地によって次のイラストのように、都道府県（知事）認可と内閣府（内閣総理大臣）認可のいずれかになります。

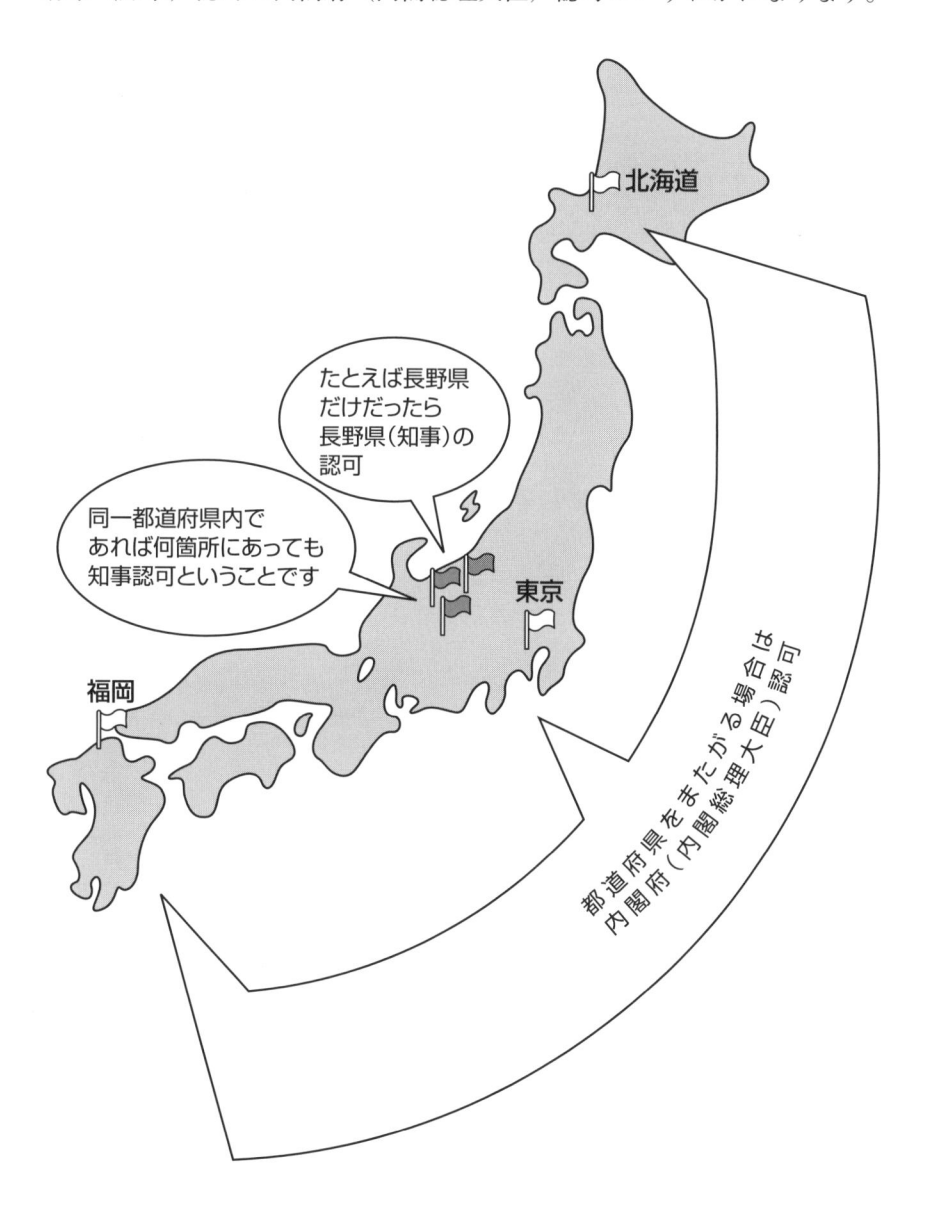

- たとえば長野県だけだったら長野県（知事）の認可
- 同一都道府県内であれば何箇所にあっても知事認可ということです
- 都道府県をまたがる場合は内閣府（内閣総理大臣）認可

北海道
東京
福岡

第2章◆NPO法人のつくり方

4 NPO法人設立手続きの流れ

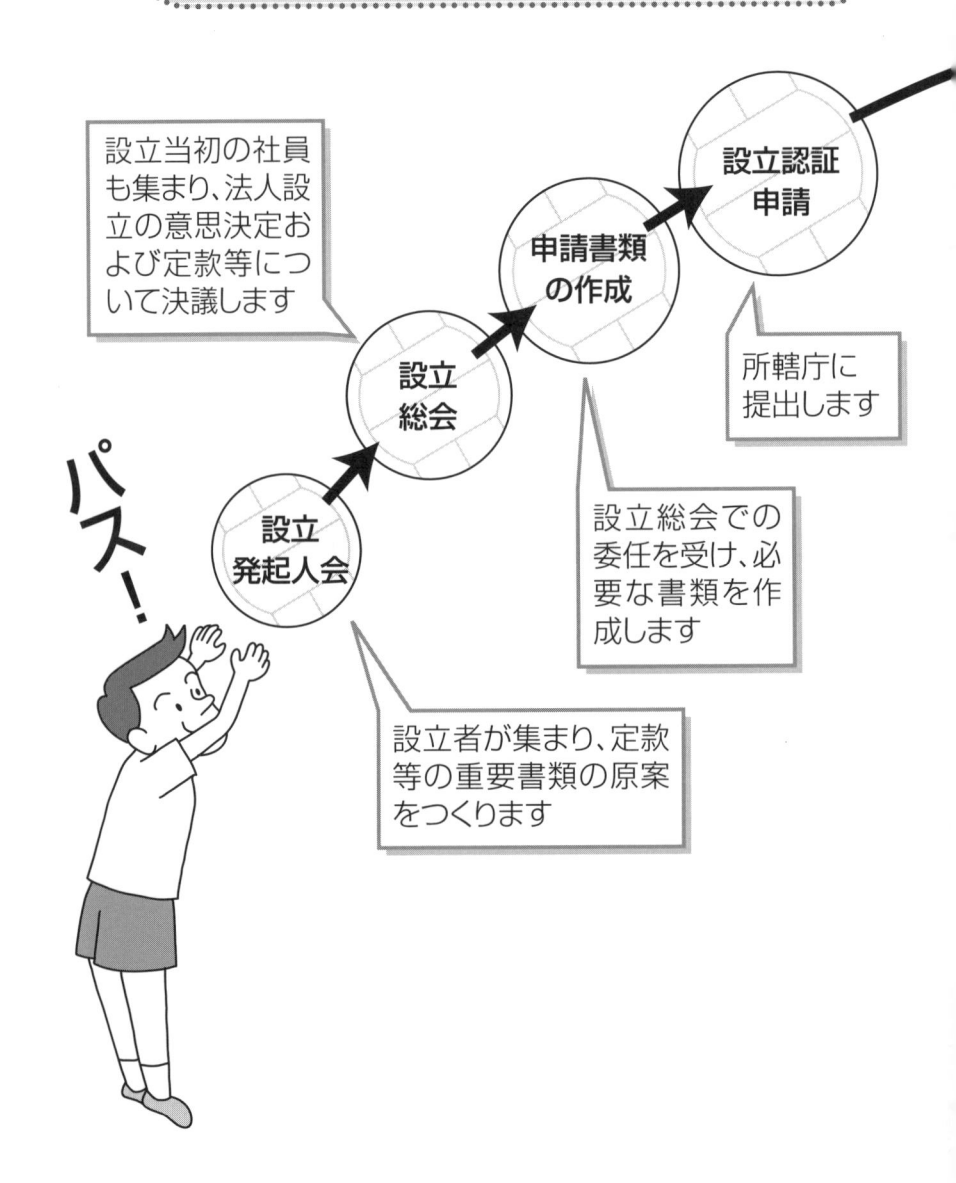

設立発起人会
設立者が集まり、定款等の重要書類の原案をつくります

設立総会
設立当初の社員も集まり、法人設立の意思決定および定款等について決議します

申請書類の作成
設立総会での委任を受け、必要な書類を作成します

設立認証申請
所轄庁に提出します

パス！

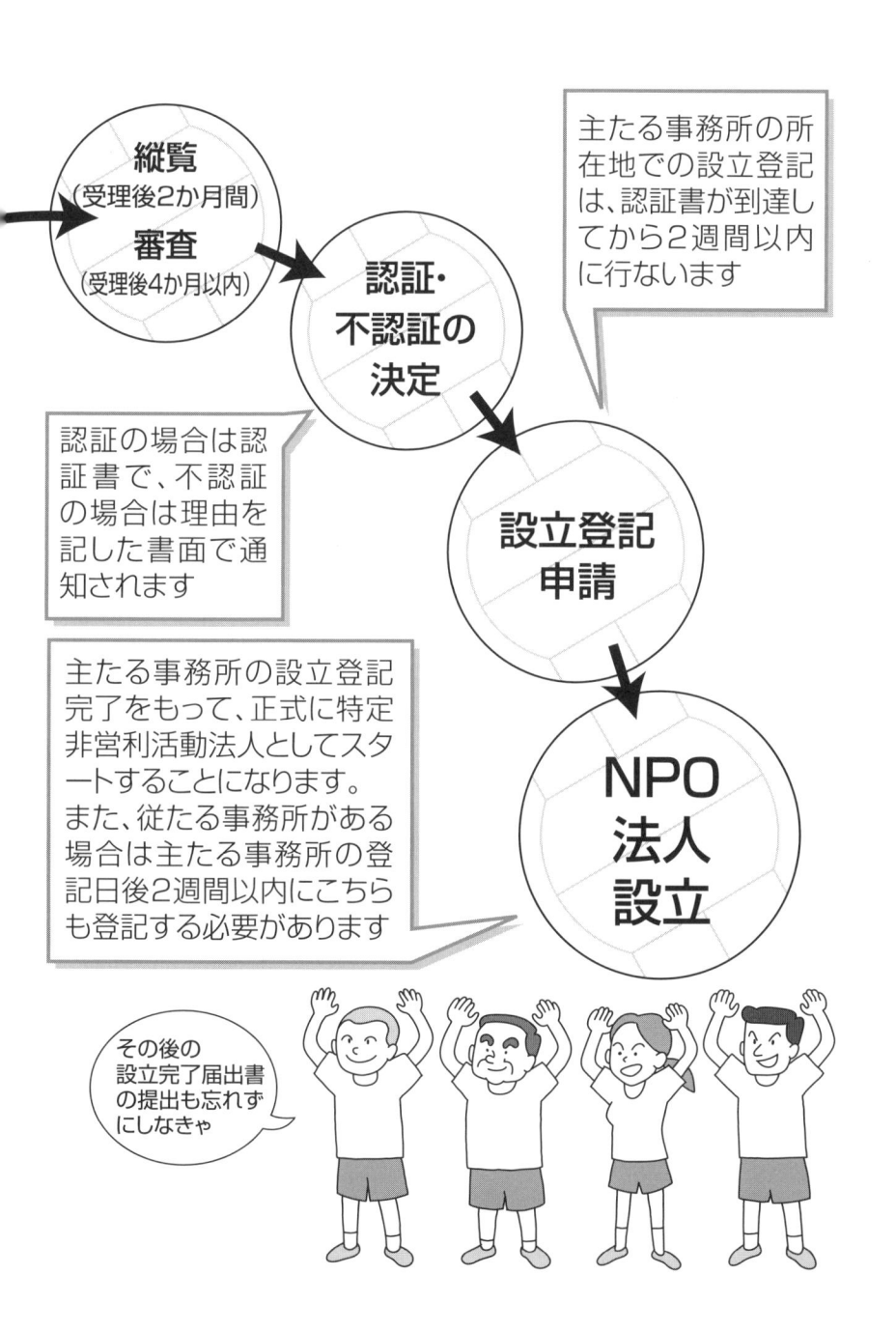

縦覧
（受理後2か月間）

審査
（受理後4か月以内）

↓

認証・不認証の決定

> 主たる事務所の所在地での設立登記は、認証書が到達してから2週間以内に行ないます

> 認証の場合は認証書で、不認証の場合は理由を記した書面で通知されます

↓

設立登記申請

> 主たる事務所の設立登記完了をもって、正式に特定非営利活動法人としてスタートすることになります。また、従たる事務所がある場合は主たる事務所の登記日後2週間以内にこちらも登記する必要があります

↓

NPO法人設立

> その後の設立完了届出書の提出も忘れずにしなきゃ

第2章◆NPO法人のつくり方　59

◆NPO法人設立手続きの流れ

- 設立発起人会を開催

    設立者が集まり、設立趣旨書、定款、事業計画書、収支計画書等について検討し、原案をつくります。

    ⬇

- 設立総会を開催

    設立当初の社員も集まり、法人設立の意思決定および定款等について決議します。

    ⬇

- 設立認証申請書類を作成

    設立総会での委任を受け、役員の就任承諾書および誓約書、住民票の取り寄せなども行ない、申請に必要な書類を作成します。

    ⬇

- 設立認証の申請

    所轄庁へ申請書類を提出します。形式上の不備がなければ受理されます。

    ⬇

- これらの書類が受理後2か月間、一般に縦覧

    NPO法人は情報をできるだけ市民に公開していこうという趣旨から、このような制度が採られています。また、同時に、認証に必要な要件が整っているかどうか、所轄庁による審査が行なわれます。

    ⬇

- 縦覧後2か月以内に認証・不認証の決定

    認証の場合は認証書で通知され、不認証の場合は理由を記した書面で通知されます（不認証の場合、修正して再申請もできます）。

    ⬇

- 管轄の法務局に設立登記の申請

    認証後に登記をして初めてNPO法人として成立することになります。

    ⬇

- 登記が完了すれば、晴れてNPO法人としてスタート！

5 認証申請に必要な書類はこうつくる

前項で説明したとおり、NPO法人は所轄庁へ必要書類を提出し、そこで認証を受けたあと、法務局に登記をすることで設立完了となります。

株式会社などを設立したことのある人なら、何となくわかると思うのですが、ここでは認証申請の際に添付する書類をまとめておきましょう。

●●認証申請時に必要な書類一覧●●

	書類	どんなもの？　または注意点	提出部数
1	定款	法人の目的や運営ルールなどを明文化	2部
2	設立認証申請書	設立認証を得るための申請書	1部
3	役員名簿	役員全員を記載	2部
4	各役員の就任承諾および誓約書の写し	役員になることを承諾する旨等の書面	1部
5	各役員の住所または居所を証する書面	通常は住民票　役員全員分必要	1部
6	社員のうち10人以上の者の名簿	最低10人でよく、社員全員を載せる必要はない	1部
7	確認書	宗教・政治などの団体や暴力団関係でないことの確認	1部
8	設立趣旨書	NPO法人化したい趣旨や申請に至るまでの経過等を記載	2部
9	設立についての意思の決定を証する議事録	設立総会の議事録	1部
10	設立当初の事業年度および翌事業年度の事業計画書	定款で定めた事業の具体的計画書	2部
11	設立当初の事業年度および翌事業年度の収支予算書	事業運営の収支予算書	2部

※2部提出のものは、2か月間一般公開（縦覧）される書類です（ただし、3部必要な都道府県もありますのでご注意ください）。

それでは、それぞれの書式を具体的にみていきましょう。

◆認証時に必要な書類について
- 定款

　法人の憲法といえる重要なものです。活動もその内容に制限されますので、所轄庁の雛型を手直しするなどのものではなく、その団体の実態にあったものを作成することが必要です。
- 設立認証申請書

　設立の認証を得るための申請書です。NPO法人の名称、代表者氏名、事務所の所在地、目的を記載します。
- 役員名簿

　設立総会で選任された役員の氏名、住所または居所、報酬の有無を記載します。
- 各役員の就任承諾および誓約書の写し

　役員になることの承諾と役員の欠格事由に該当していないこと、役員の親族等の排除に違反していないことを誓約する書面で、役員（理事・監事）の人数分必要です。
- 各役員の住所または居所を証する書面

　通常、住民票の写しです。外国人の場合は市町村長の発行する証明書になります。役員全員分必要です。
- 社員のうち10人以上の者の名簿

　NPO法人の設立要件である「社員が10人以上いること」を証明するためのものです。それぞれの氏名、住所または居所を記載します。
- 確認書

　宗教活動、政治活動、選挙運動を目的とした団体でないこと、暴力団に関係した団体でないことを確認するための書類です。
- 設立趣旨書

　設立に至る社会的背景、法人化の趣旨、申請に至るまでの経過などを簡潔にまとめたものです。
- 設立についての意思の決定を証する議事録

　設立総会の議事の経過と議決結果を証するものです。
- 設立当初の事業年度および翌事業年度の事業計画書

　定款で定めた事業の具体的な計画書を設立当初の事業年度と翌事業年度

のものと2年分作成します。
- 設立当初の事業年度および翌事業年度の収支予算書
　事業運営の収支予算を設立当初の事業年度と翌事業年度のものと2年分作成します。また、その他の事業がある場合にはその分についても作成します。

＊なお、所轄庁によって、書式のフォーマットや記載方法が異なる場合があるので、実際に申請するときはご注意ください。

●●「定款」の例●●

特定非営利活動法人○×サポートセンター定款

第1章　総則

(名称)
第1条　この法人は、特定非営利活動法人○×サポートセンターという。
(事務所)
第2条　この法人は、主たる事務所を東京都府中市○○一丁目2番3号に置く。

> 詳細は76ページ

2　この法人は、前項のほか、その他の事務所を神奈川県川崎市多摩区○○一丁目2番3号に置く。

第2章　目的及び事業

(目的)
第3条　この法人は、地域で暮らす人々に対して、生涯を通じて文化的な生活が送れるよう、また誇りをもって地域で生きていくことができるように支援する事業を行ない、活力ある地域社会の実現に寄与することを目的とする。

> 公益性がチェックされ、私益を目的とすることは認められない

(特定非営利活動の種類)
第4条　この法人は、第3条の目的を達成するため、次に掲げる種類の特定非営利活動を行なう。
　(1)　社会教育の推進を図る活動
　(2)　まちづくりの推進を図る活動
　(3)　前各号に掲げる活動を行なう団体の運営又は活動に関する連絡、助言又は援助の活動

> 法定17分野のどれに当てはまるか選び出す。分野はいくつ選んでもかまわない

(事業)
第5条　この法人は、第3条の目的を達成するため、次の事業を行なう。
　(1)　特定非営利活動に係る事業
　　①社会人のための生涯学習事業
　　②総合学習の講師派遣事業
　　③商店街活性化事業

> 詳細は76ページ

　　　　④地域の歴史や文化の継承事業
　　(2) その他の事業
　　　　①物品販売事業
　2　前項第2号に掲げる事業は、同項第1号に掲げる事業に支障がない限り行なうものとし、収益を生じた場合は、同項第1号に掲げる事業に充てるものとする。

第3章　会員

(種別)

第6条　この法人の会員は、次の2種とし、正会員をもって特定非営利活動促進法（以下「法」という。）上の社員とする。

> 詳細は76ページ

　(1) 正会員　この法人の目的に賛同して入会した個人及び団体
　(2) 賛助会員　この法人の事業を賛助するために入会した個人及び団体

(入会)

第7条　会員の入会については、特に条件を定めない。

> 詳細は76ページ

　2　会員として入会しようとするものは、理事長が別に定める入会申込書により、理事長に申し込むものとし、理事長は、正当な理由がない限り、入会を認めなければならない。
　3　理事長は、前項のものの入会を認めないときは、速やかに、理由を付した書面をもって本人にその旨を通知しなければならない。

(入会金及び会費)

第8条　会員は、総会において別に定める入会金及び会費を納入しなければならない。

> 具体的な入会金の額については、最後の附則のなかに規定している

(会員の資格の喪失)

第9条　会員が次の各号の一に該当するに至ったときは、その資格を喪失する。
　(1) 退会届の提出をしたとき。
　(2) 本人が死亡し、又は会員である団体が消滅したとき。
　(3) 継続して1年以上会費を滞納したとき。
　(4) 除名されたとき。

（退会）
第10条　会員は、理事長が別に定める退会届を理事長に提出して、任意に退会することができる。

> 社員の資格の得喪について不当な条件をつけられないことから、任意退会を認める必要がある

（除名）
第11条　会員が次の各号の一に該当するに至ったときは、総会の議決により、これを除名することができる。この場合、その会員に対し、議決の前に弁明の機会を与えなければならない。

> 理事会の決議とすることもできるが、重要な事項なので総会の決議が望ましい

　　（1）この定款等に違反したとき。
　　（2）この法人の名誉を傷つけ、又は目的に反する行為をしたとき。

（拠出金品の不返還）
第12条　既納の入会金、会費及びその他の拠出金品は返還しない。

> 返還しないのが一般的

第4章　役員及び職員

（種別及び定数）
第13条　この法人に次の役員を置く。
　　（1）理事　3人以上
　　（2）監事　1人以上

> 「○人」と限定せず「○人以上」とし、ある程度幅をもたせておくと定款変更せずにすむ

　2　理事のうち、1人を理事長、1人を副理事長とする。

（選任等）
第14条　理事及び監事は、総会において選任する。
　2　理事長及び副理事長は、理事の互選とする。

> 詳細は76ページ

　3　役員のうちには、それぞれの役員について、その配偶者若しくは3親等以内の親族が1人を超えて含まれ、又は当該役員並びにその配偶者及び3親等以内の親族が役員の総数の3分の1を超えて含まれることになってはならない。
　4　監事は、理事又はこの法人の職員を兼ねることができない。

（職務）
第15条　理事長は、この法人を代表し、その業務を総理する。
　2　副理事長は、理事長を補佐し、理事長に事故あるとき又は理事長が欠けたときは、理事長があらかじめ指名した順序によって、その

職務を代行する。
3　理事は、理事会を構成し、この定款の定め及び理事会の議決に基づき、この法人の業務を執行する。

> 理事の代表権を制限し、各々の理事の職務を規定している

4　監事は、次に掲げる職務を行なう。
　(1) 理事の業務執行の状況を監査すること。
　(2) この法人の財産の状況を監査すること。
　(3) 前2号の規定による監査の結果、この法人の業務又は財産に関し不正の行為又は法令若しくは定款に違反する重大な事実があることを発見した場合には、これを総会又は所轄庁に報告すること。
　(4) 前号の報告をするため必要がある場合には、総会を招集すること。
　(5) 理事の業務執行の状況又はこの法人の財産の状況について、理事に意見を述べ、若しくは理事会の招集を請求すること。

（任期等）

> 2年以内なら1年でも1年半でもよく、再任することも妨げない

第16条　役員の任期は、2年とする。ただし、再任を妨げない。
2　前項の規定にかかわらず、後任の役員が選任されていない場合には、任期の末日後最初の総会が終結するまでその任期を伸長する。
3　補欠のため、又は増員によって就任した役員の任期は、それぞれの前任者又は現任者の任期の残存期間とする。
4　役員は、辞任又は任期満了後においても、後任者が就任するまでは、その職務を行なわなければならない。

（欠員補充）
第17条　理事又は監事のうち、その定数の3分の1を超える者が欠けたときは、遅滞なくこれを補充しなければならない。

> 定数については理事・監事別で数える

（解任）
第18条　役員が次の各号の一に該当するに至ったときは、総会の議決により、これを解任することができる。この場合、その役員に対し、議決する前に弁明の機会を与えなければならない。
　(1) 心身の故障のため、職務の遂行に堪えないと認められるとき。

> 選任した機関で解任するのが一般的。総会の議決とするのが妥当

(2) 職務上の義務違反その他役員としてふさわしくない行為があったとき。

(報酬等)
第19条　役員は、その総数の3分の1以下の範囲内で報酬を受けることができる。
　2　役員には、その職務を執行するために要した費用を弁償することができる。
　3　前2項に関し必要な事項は、総会の議決を経て、理事長が別に定める。

(職員)
第20条　この法人に、事務局長その他の職員を置く。
　2　職員は、理事長が任免する。←［理事は事務局の職員を兼ねることができる］

第5章　総会

(種別)
第21条　この法人の総会は、通常総会及び臨時総会の2種とする。
←［総会は法人の最高意思決定機関である］

(構成)
第22条　総会は、正会員をもって構成する。
←［この定款のケースでは社員＝正会員（議決権を持つ者）となっている。社員でない理事・会員が出席し、発言することは妨げないが、議決権はない］

(権能)
第23条　総会は、以下の事項について議決する。
　(1) 定款の変更
　(2) 解散
　(3) 合併
←［総会で議決しなければならないと法定されているのは(1)定款の変更 (2)解散 (3)合併の3事項のみ］
　(4) 事業計画及び収支予算並びにその変更
　(5) 事業報告及び収支決算
　(6) 役員の選任又は解任、職務及び報酬
　(7) 入会金及び会費の額
　(8) 借入金（その事業年度内の収入をもって償還する短期借入金を除く。第50条において同じ。）その他新たな義務の負担及び権

　　　　利の放棄
　(9) 事務局の組織及び運営
　(10) その他運営に関する重要事項
（開催）
第24条　通常総会は、毎事業年度1回開催する。
　2　臨時総会は、次の各号の一に該当する場合に開催する。
　(1) 理事会が必要と認め招集の請求をしたとき。
　(2) 正会員総数の3分の1以上から会議の目的である事項を記載した書面をもって招集の請求があったとき。
　(3) 第15条第4項第4号の規定により、監事から招集があったとき。
（招集）
第25条　総会は、前条第2項第3号の場合を除き、理事長が招集する。
　2　理事長は、前条第2項第1号及び第2号の規定による請求があったときは、その日から14日以内に臨時総会を招集しなければならない。
　3　総会を招集するときは、会議の日時、場所、目的及び審議事項を記載した書面をもって、少なくとも5日前までに通知しなければならない。

> 通知日は5日前よりも短くすることはできない

（議長）
第26条　総会の議長は、その総会において、出席した正会員の中から選出する。

> 「出席した理事の中から」と規定してもかまわない

（定足数）
第27条　総会は、正会員総数の2分の1以上の出席がなければ開会することができない。

> 「正会員総数の3分の1以上」としてもかまわない

（議決）
第28条　総会における議決事項は、第25条第3項の規定によってあらかじめ通知した事項とする。
　2　総会の議事は、この定款に規定するもののほか、出席した正会員の過半数をもって決し、可否同数のときは、議長の決するところによる。
（表決権等）
第29条　各正会員の表決権は、平等なるものとする。

> 原則1人1票

※ 詳細は77ページ

2 やむを得ない理由のため総会に出席できない正会員は、あらかじめ通知された事項について書面をもって表決し、又は他の正会員を代理人として表決を委任することができる。

3 前項の規定により表決した正会員は、前2条、次条第1項及び第51条の適用については、総会に出席したものとみなす。

4 総会の議決について、特別の利害関係を有する正会員は、その議事の議決に加わることができない。

> 法律上の規定。その議事の議決に加わることはできないが発言することは可能。また、ほかの議事の議決には当然加わることができる

(議事録)

第30条 総会の議事については、次の事項を記載した議事録を作成しなければならない。

> 詳細は77ページ

(1) 日時及び場所
(2) 正会員総数及び出席者数(書面表決者又は表決委任者がある場合にあっては、その数を付記すること。)
(3) 審議事項
(4) 議事の経過の概要及び議決の結果
(5) 議事録署名人の選任に関する事項

2 議事録には、議長及びその会議において選任された議事録署名人2人以上が署名、押印しなければならない。

第6章 理事会

(構成)

第31条 理事会は、理事をもって構成する。

> 理事会を置くのが一般的。理事会に監事・社員が出席し、発言することは可能だが、議決権はない

(権能)

第32条 理事会は、この定款で定めるもののほか、次の事項を議決する。
(1) 総会に付議すべき事項
(2) 総会の議決した事項の執行に関する事項
(3) その他総会の議決を要しない会務の執行に関する事項

(開催)

第33条 理事会は、次の各号の一に該当する場合に開催する。

(1) 理事長が必要と認めたとき。
　　(2) 理事総数の3分の1以上から会議の目的である事項を記載した書面をもって招集の請求があったとき。← 定数について決まりはない
　　(3) 第15条第4項第5号の規定により、監事から招集の請求があったとき。

（招集）
第34条　理事会は、理事長が招集する。
　2　理事長は、前条第2号及び第3号の規定による請求があったときは、その日から14日以内に理事会を招集しなければならない。
　3　理事会を招集するときは、会議の日時、場所、目的及び審議事項を記載した書面をもって、少なくとも5日前までに通知しなければならない。

総会とちがって、「5日前の通知期限」などは法定されていない

（議長）
第35条　理事会の議長は、理事長がこれに当たる。

（議決）
第36条　理事会における議決事項は、第34条第3項の規定によってあらかじめ通知した事項とする。
　2　理事会の議事は、理事総数の過半数をもって決し、可否同数のときは、議長の決するところによる。

「過半数」という割合は変えることもできるが過半数にする場合が多い

（表決権等）
第37条　各理事の表決権は、平等なるものとする。
　2　やむを得ない理由のため理事会に出席できない理事は、あらかじめ通知された事項について書面をもって表決することができる。
　3　前項の規定により表決した理事は、次条第1項の適用については、理事会に出席したものとみなす。
　4　理事会の議決について、特別の利害関係を有する理事は、その議事の議決に加わることができない。

理事会は総会とちがって、委任状による出席は通常認められていない

（議事録）
第38条　理事会の議事については、次の事項を記載した議事録を作成しなければならない。

(1) 日時及び場所
  (2) 理事総数、出席者数及び出席者氏名（書面表決者にあっては、その旨を付記すること。）
  (3) 審議事項
  (4) 議事の経過の概要及び議決の結果
  (5) 議事録署名人の選任に関する事項
 2　議事録には、議長及びその会議において選任された議事録署名人２人以上が署名、押印しなければならない。　← 総会の議事録に準じる

第7章　資産及び会計

（資産の構成）
第39条　この法人の資産は、次の各号に掲げるものをもって構成する。
  (1) 設立の時の財産目録に記載された資産
  (2) 入会金及び会費　← もし、入会金がなければ、会費とのみ記せばOK
  (3) 寄付金品
  (4) 財産から生じる収入
  (5) 事業に伴う収入
  (6) その他の収入

（資産の区分）
第40条　この法人の資産は、これを分けて特定非営利活動に係る事業に関する資産及びその他の事業に関する資産の2種とする。

（資産の管理）
第41条　この法人の資産は、理事長が管理し、その方法は、総会の議決を経て、理事長が別に定める。

（会計の原則）
第42条　この法人の会計は、法第27条各号に掲げる原則に従って行なうものとする。

（会計の区分）
第43条　この法人の会計は、これを分けて特定非営利活動に係る事業に関する会計及びその他の事業に関する会計の2種とする。

（事業計画及び予算）
第44条　この法人の事業計画及びこれに伴う収支予算は、理事長が作成

し、総会の議決を経なければならない。
(暫定予算)
第45条　前条の規定にかかわらず、やむを得ない理由により予算が成立しないときは、理事長は、理事会の議決を経て、予算成立の日まで前事業年度の予算に準じ収入支出することができる。
　2　前項の収入支出は、新たに成立した予算の収入支出とみなす。
(予備費の設定及び使用)
第46条　予算超過又は予算外の支出に充てるため、予算中に予備費を設けることができる。
　2　予備費を使用するときは、理事会の議決を経なければならない。
(予算の追加及び更正)
第47条　予算議決後にやむを得ない事由が生じたときは、総会の議決を経て、既定予算の追加又は更正をすることができる。
(事業報告及び決算)
第48条　この法人の事業報告書、収支計算書、貸借対照表及び財産目録等の決算に関する書類は、毎事業年度終了後、速やかに、理事長が作成し、監事の監査を受け、総会の議決を経なければならない。
　2　決算上、剰余金を生じたときは、次事業年度に繰り越すものとする。

> 営利を目的にしないため、剰余金は分配せず、次年度に繰り越す

(事業年度)
第49条　この法人の事業年度は、毎年〇月〇日に始まり翌年〇月〇日に終わる。
(臨機の措置)
第50条　予算をもって定めるもののほか、借入金の借入れその他新たな義務の負担をし、又は権利の放棄をしようとするときは、総会の議決を経なければならない。

第8章　定款の変更、解散及び合併

(定款の変更)
第51条　この法人が定款を変更しようとするときは、総会に出席した正会員の2分の1以上の多数による議決を経、かつ、軽微な事項として法第25条第3項に規定する以下の事項を除いて所轄庁の認証を得な

ければならない。

> 法定では「社員総数の2分の1以上の出席で、その出席者の4分の3以上の多数」となっているが、このように定款で変えることもできる

　(1) 主たる事務所及び従たる事務所の所在地（所轄庁の変更を伴わないもの）
　(2) 資産に関する事項
　(3) 公告の方法

（解散）
第52条　この法人は、次に掲げる事由により解散する。
　(1) 総会の決議
　(2) 目的とする特定非営利活動に係る事業の成功の不能
　(3) 正会員の欠亡
　(4) 合併
　(5) 破産
　(6) 所轄庁による設立の認証の取消し
　2　前項第1号の事由によりこの法人が解散するときは、<u>正会員総数の4分の3以上の承諾</u>を得なければならない。
　3　第1項第2号の事由により解散するときは、所轄庁の認定を得なければならない。

（残余財産の帰属）
第53条　この法人が解散（合併又は破産による解散を除く。）したときに残存する財産は、法第11条第3項に掲げる者のうち、総会で議決したものに譲渡するものとする。

> 詳細は77ページ

（合併）
第54条　この法人が合併しようとするときは、総会において<u>正会員総数の4分の3以上の議決</u>を経、かつ、所轄庁の認証を得なければならない。

> これらについては定款で変えることもできる

第9章　公告の方法

（公告の方法）
第55条　この法人の公告は、この法人の掲示場に掲示するとともに、官報に掲載して行なう。

第10章　雑則

（細則）
第56条　この定款の施行について必要な細則は、理事会の議決を経て、理事長がこれを定める。

附　則
1　この定款は、この法人の成立の日から施行する。
2　この法人の設立当初の役員は、次に掲げる者とする。

　　　理事長　　　東　京　一　郎
　　　副理事長　　神奈川　二　郎
　　　理事　　　　千　葉　三　郎
　　　監事　　　　埼　玉　四　郎

3　この法人の設立当初の役員の任期は、第16条第1項の規定にかかわらず、成立の日から平成〇〇年〇月〇日までとする。

> 事業年度にあわせてしまうと役員不在の期間が生じてしまうので、役員の任期は事業年度と同じにせず、総会開催月の末日に設定するとよい

4　この法人の設立当初の事業計画及び収支予算は、第44条の規定にかかわらず、設立総会の定めるところによるものとする。
5　この法人の設立当初の事業年度は、第49条の規定にかかわらず、成立の日から平成〇〇年〇月〇日までとする。
6　この法人の設立当初の入会金及び会費は、第8条の規定にかかわらず、次に掲げる額とする。
　　（1）正会員入会金　　　　　　　5,000円
　　　　 正会員年会費　　　　　　　10,000円
　　（2）賛助会員入会金　　　　　　0円
　　　　 賛助会員年会費　　　1口　3,000円

●定款を記載するうえでのポイント

◆事務所（第2条）

　事務所の所在地は必ずしも地番まで定める必要はなく、独立の最小行政区画（通常なら市町村）まででも認められます。ただし、その場合でも認証申請書および設立登記申請書には地番まで記載する必要がありますし、登記の際には番地まで特定したことを証するための議事録をつけることになります。

◆事業（第5条）

　事業の数に規定はありません。すぐ始めないものでも、将来行なう予定がある事業は記載しておくことをお勧めします。

◆種別（第6条）

　会員の種類、名称についての規定はありません。自由に設定できます。ただし、どの種類の会員を社員とするのかを明示する必要があります。
　社員については資格の得喪に関して、不当な条件を付してはいけません。
　一方、社員以外の会員については、どのような条件をつけてもかまいません。

◆入会（第7条）

　社員について入会の条件をつける場合は、目的・事業内容等などから、その合理性が社会通念上、公正妥当と認められるものでなければいけません。

◆理事及び監事の選任（第14条）

　理事会で選任することもできますが、理事を仲間内である理事会で、理事を監査すべき役目の監事を理事会で決めてしまうというのも適当ではないと考えられるので、総会とするのが妥当でしょう。
　役員は必ずしも社員のなかから選ぶ必要はありません。

役員の親族等の数については、役員総数が5人以下の場合は本人のみ、6人以上の場合は本人を含めて2人までです（親族とは配偶者もしくは3親等内の者を指します）。

◆通常総会の開催（第24条）
　通常総会は最低年1回以上と法定されています（NPO法30条の規定から民法60条を準用）。
　臨時総会の招集請求の定足数は「正会員総数の5分の1以上」というのが、法定された割合ですが、例のように定款で増減させることは可能です。

◆議事録（第30条）
　署名、押印は記名、押印としてもかまいません。
- 記名…自署する必要なし、印刷でも可
- 署名…自署（本人が自分でサインすること）すること

◆残余財産の帰属（第53条）
　定款に帰属先を定めないもしくは帰属先が明確でない場合、残余財産は国または地方公共団体に譲渡されるか国庫に帰属します。

●●「設立認証申請書」の例●●

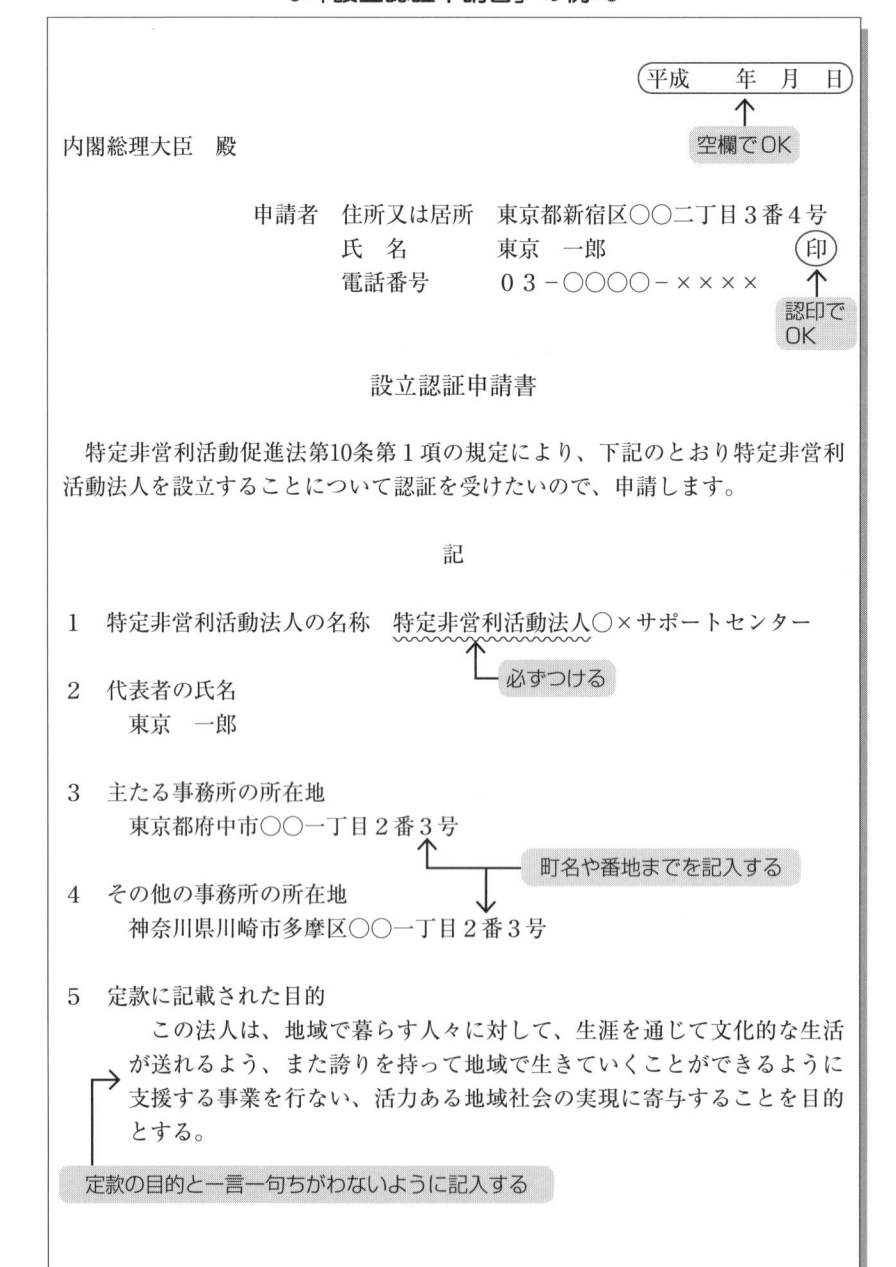

平成　年　月　日
　↑
空欄でOK

内閣総理大臣　殿

　　　　　申請者　住所又は居所　東京都新宿区○○二丁目3番4号
　　　　　　　　　氏　名　　　　東京　一郎　　　　　　　　㊞
　　　　　　　　　電話番号　　　０３-○○○○-××××
　　　　　　　　　　　　　　　　　　　　　　　　　　↑
　　　　　　　　　　　　　　　　　　　　　　　　認印でOK

　　　　　　　　　　　　設立認証申請書

　特定非営利活動促進法第10条第1項の規定により、下記のとおり特定非営利活動法人を設立することについて認証を受けたいので、申請します。

　　　　　　　　　　　　　　記

1　特定非営利活動法人の名称　　特定非営利活動法人○×サポートセンター
　　　　　　　　　　　　　　　　　　　↑
　　　　　　　　　　　　　　　　　必ずつける

2　代表者の氏名
　　東京　一郎

3　主たる事務所の所在地
　　東京都府中市○○一丁目2番3号
　　　　　　　　↑
　　　　　　　　　　　　　　町名や番地までを記入する

4　その他の事務所の所在地
　　神奈川県川崎市多摩区○○一丁目2番3号

5　定款に記載された目的
　　　この法人は、地域で暮らす人々に対して、生涯を通じて文化的な生活が送れるよう、また誇りを持って地域で生きていくことができるように支援する事業を行ない、活力ある地域社会の実現に寄与することを目的とする。

定款の目的と一言一句ちがわないように記入する

●●「役員名簿」の例●●

役　員　名　簿

特定非営利活動法人○×サポートセンター

役職名	氏　名	住所又は居所	報酬の有無
理事	東京　一郎	東京都新宿区○○二丁目3番4号	無
理事	神奈川 二郎	東京都渋谷区○○三丁目4番5号	無
理事	千葉　三郎	東京都豊島区○○一丁目2番3号	無
監事	埼玉　四郎	東京都品川区○○二丁目3番4号	無

理事長・副理事長でも理事と記載

住民票の記載通りに記入

第2章◆NPO法人のつくり方

●●「各役員の就任承諾および誓約書」の例●●

平成〇〇年〇月〇日
日付は設立総会日以降で

特定非営利活動法人 〇×サポートセンター　御中

就任承諾および誓約書

　　　　　　　　　住所又は居所　　東京都新宿区〇〇二丁目3番4号
　　　　　　　　　氏名　　　　　　東京　一郎　　　　㊞

認印でもOK

私は、特定非営利活動法人 〇×サポートセンターの理事に就任することを承諾するとともに、特定非営利活動促進法第20条各号に該当しないこと及び同法第21条の規定に違反しないことを誓約します。

➡役員の住所又は居所を証する書面として住民票等が必要になります（人数分）

●●「社員のうち10人以上の者の名簿」の例●●

社員のうち10人以上の者の名簿 ← 社員全員を記載する必要はなく、10人以上であれば何人でもOK

特定非営利活動法人○×サポートセンター

氏　名	住所又は居所
東京　一郎	東京都新宿区○○二丁目3番4号
神奈川　二郎	東京都渋谷区○○三丁目4番5号
千葉　三郎	東京都豊島区○○一丁目2番3号
埼玉　四郎	東京都品川区○○二丁目3番4号
群馬　五郎	東京都練馬区○○三丁目4番5号
茨城　六郎	東京都杉並区○○四丁目5番6号
栃木　七子	東京都世田谷区○○五丁目6番7号
山梨　八郎	東京都北区○○六丁目7番8号
長野　九太郎	東京都中野区○○七丁目8番9号
新潟　十平	東京都港区○○一丁目2番3号

※ 住所又は居所 ← 住民票の記載通りに記入

●●「確認書」の例●●

確 認 書

特定非営利活動法人○×サポートセンターは、特定非営利活動促進法第2条第2項第2号及び同法第12条第1項第3号に該当することを、平成○○年○月○日に開催された設立総会において確認しました。

平成○○年○月○日
↑
設立総会日以降

特定非営利活動法人○×サポートセンター
設立代表者　住所又は居所　東京都新宿区○○二丁目3番4号
　　　　　　氏名　東京　一郎　　　　　　　　　→ 印
　　　　　　　　　　　　　　　　　　　　　認印でもOK

●●「設立趣旨書」の例●●

設 立 趣 旨 書

1　趣　旨

　地域でのコミュニティーの不足が問題になっています。都市化が進むにつれて、地域の人々とのふれあいや交流が激減していることを改善しなくてはなりません。

　一方、近年、生涯学習という言葉を耳にするようになりました。生涯学習とは、人が生涯にわたり学び・学習の活動を続けていくことです。そうすることで、生きていくうえでの能力や技術が向上し、日常生活をより充実させることにつながります。

　学校教育だけではなく、社会人になってからも学び続けたいと思う人の増加により、そのニーズに対応できる場が必要とされています。だとするならば、そのような場が地域に増えることにより、能力や技術の向上、日常生活の充実のみならず、新しいコミュニティーの形成や次世代の人材の育成にもつながると考えます。

　生涯学習の場というと行政に頼ってしまいがちなところを、市民の手で作り上げることもひとつの生涯学習につながると考え、特定非営利活動法人を設立し、展開していこうとするものです。

> 法人の目的・事業に関連したことの社会情勢や問題点、法人を立ち上げる意義・意味などを書く

2　申請に至るまでの経過

　平成○○年○月に地域の人づくりに関するイベントを開催するにあたり、実行委員会を立ち上げ、イベントを開催しました。その後も、地域の人づくり、生涯学習などの活動を継続していこうという想いが、発足のきっかけとなりました。

　平成○○年○月○日、発起人会を開催し、平成○○年○月○日には、賛同者が集まり設立総会を開き、特定非営利活動法人○×サポートセンターを設立することを決定しましたので、申請いたします。

> 今まで活動実績があれば活動の内容、法人設立に至った動機や経過などを書く

平成○○年○月○日

> 通常は設立総会日の日付

特定非営利活動法人○×サポートセンター
設立代表者　住所又は居所　東京都新宿区○○二丁目3番4号
　　　　　　氏名　東京　一郎　　　　　　　㊞

> 認印でもOK

●●「設立についての意思を証する議事録」の例●●

特定非営利活動法人○×サポートセンター　設立総会議事録

1　日　　時　　平成○○年○月○日
2　場　　所　　東京都府中市○○一丁目2番3号
3　出席者数　　○名
4　審議事項
　　第1号議案　　特定非営利活動法人○×サポートセンターの設立趣旨に関する件
　　第2号議案　　特定非営利活動促進法第2条第2項第2号及び同法第12条第1項第3号に該当することの確認
　　第3号議案　　特定非営利活動法人○×サポートセンターの定款に関する件
　　第4号議案　　設立の初年度及び翌年度の事業計画並びに収支予算に関する件
　　第5号議案　　設立当初の役員及び報酬に関する件

5　議事の経過の概要及び議決の結果
　　司会者千葉三郎が開会を宣した。続いて議長の選任について諮ったところ、満場一致をもって東京一郎を選任し、議事に入った。
　　第1号議案　　議長は設立趣旨書を配布し、その承認を求めたところ、満場異議なく承認可決された。
　　第2号議案　　議長は当団体が特定非営利活動促進法第2条第2項第2号及び同法第12条第1項第3号に該当する団体である旨につき確認を求めたところ、満場異議なく承認可決し、確認された。
　　第3号議案　　議長は定款案について提案し、その承認を求めたところ、満場異議なく原案のとおり承認可決した。
　　第4号議案　　議長は設立の初年度及び翌年度の事業計画案並びに収支予算案を提案し、その承認を求めたところ、満場異議なく原案のとおり承認可決した。
　　第5号議案　　議長より設立当初の役員について提案があり、審議の結果、理事に東京一郎氏、神奈川二郎氏、千葉三郎氏が選出された。また、理事のうち理事長を東京一郎氏、監事に埼玉四郎氏とすることも承認され、初年度の役員報酬はなしということで満場異議なく承認可決された。

6　議事録署名人の選任に関する事項
　　議長が議事録署名人として神奈川二郎氏、埼玉四郎氏の指名をしたところ満場異議なく承認された。

議長は以上をもってすべての議案審議が終了した旨を述べ、閉会を宣した。
以上、この議事録が正確であることを証します。

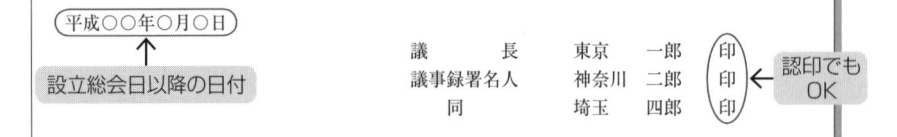

平成○○年○月○日
↑
設立総会日以降の日付

　　　　　議　　　　長　　東京　一郎　㊞
　　　　　議事録署名人　　神奈川　二郎　㊞　←認印でもOK
　　　　　　　同　　　　　埼玉　四郎　㊞

●●「設立当初の事業年度の事業計画書」の例●●

設立当初の事業年度の事業計画書

法人成立の日から○○年○月○日まで
↑
申請日から3〜4か月後を想定

特定非営利活動法人○×サポートセンター

1　事業実施の方針
　設立初年度は、生涯学習の場を提供することを中心として、それに付随する地域の人とのふれあいや交流を深める活動にも積極的に取り組む。

2　事業の実施に関する事項

(1)　特定非営利活動に係る事業

事業名 (定款に記載した事業)	具体的な事業内容	(A)当該事業の実施予定日時 (B)当該事業の実施予定場所 (C)従事者の予定人数	(D)受益対象者の範囲 (E)予定人数	収支予算書の事業費の金額 (単位：千円)
社会人のための生涯学習事業	○○○○○	(A)○○○ (B)△△△ (C)○○人	(D)○○○ (E)○○人	×××
商店街活性化事業	△△△△△	(A)○○○ (B)△△△ (C)○○人	(D)○○○ (E)○○人	×××
総合学習の講師派遣事業	□□□□□	(A)○○○ (B)△△△ (C)○○人	(D)○○○ (E)○○人	×××

(2)　その他の事業

　　　　　　　　　　　　　　　　　　　　　　　　　　　千円単位

事業名 (定款に記載した事業)	具体的な事業内容	(A)当該事業の実施予定日時 (B)当該事業の実施予定場所 (C)従事者の予定人数	収支予算書の事業費の金額 (単位：千円)
物品販売事業	□□□□	(A)○○○ (B)△△△ (C)○○人	×××

（注）・当該事業の実施予定日時がはっきりしない場合は、「通年」などとしてもOK
　　　・当該事業の実施予定場所が具体的でない場合は、たとえば「都内各地」などとしてもOK
　　　・「設立の翌事業年度の事業計画書」の例は省略した

●●「設立当初の事業年度の収支予算書」の例●●
(「特定非営利活動に係る事業会計」分)

設立当初の事業年度　特定非営利活動に係る事業会計収支予算書
法人成立の日から平成○○年○月○日まで

　　↑
申請日から3～4か月後を想定

特定非営利活動法人○×サポートセンター

科　目	金額（単位：円）		
Ⅰ　経常収入の部			
1　入会金・会費収入			
入会金収入	×××		
会費収入	×××	×××	
2　事業収入			
○○事業収入	×××		
△△事業収入	×××		
3　□□□□			
・・・・	×××	×××	
経常収入合計			×××
Ⅱ　経常支出の部			
1　事業費			
○○事業費	×××		
△△事業費	×××	×××	
2　管理費			
□□費	×××		
▽▽料	×××	×××	
経常支出合計			×××
経常収支差額			×××
Ⅲ　その他資金収入の部			
1　□△□△			
・・・・	×××		
2　その他の事業会計から繰入		×××	
その他資金収入合計			×××
Ⅳ　その他資金支出の部			
1　▽△▽△			
・・・・	×××	×××	
2　予備費		×××	
その他資金支出合計			×××
当期収支差額			×××
設立時資金有高			×××
次期繰越収支差額			×××

➡収入については補助金・委託事業などの不確定なものも予想して記載します
　所轄庁によって様式も変わっているのでご注意ください

●●「設立当初の事業年度の収支予算書」の例●●
(「その他の事業会計」分)

設立当初の事業年度　その他の事業会計収支予算書
法人成立の日から平成〇〇年〇月〇日まで

特定非営利活動法人〇×サポートセンター

科　　目	金額（単位：円）		
Ⅰ　経常収入の部			
1　事業収入			
〇〇事業収入	×××		
△△事業収入	×××	×××	
2　□□収入			
・・・・	×××	×××	
経常収入合計			×××
Ⅱ　経常支出の部			
1　事業費			
〇〇事業費	×××		
△△事業費	×××	×××	
2　管理費			
□□費	×××		
▽▽料	×××	×××	
経常支出合計			×××
経常収支差額			×××
Ⅲ　その他資金収入の部			
1　▽△収入			
〇□収入	×××	×××	
その他資金収入合計			×××
Ⅳ　その他資金支出の部			
1　〇〇支出			
□〇支出	×××	×××	
2　予備費		×××	
3　特定非営利活動に係る事業会計へ繰出		×××	
その他資金支出合計			×××
当期収支差額			0

➡設立当初年度と翌事業年度のものを作成します（サンプルは設立当初年度のみ掲載しました）

6 設立登記のしかたとポイント

●認証を受けたら法務局へ

所轄庁での認証を受けたら、以下の書類一式を持って、主たる事務所を管轄する法務局に登記申請に行くことになります。

●●登記申請必要書類一覧●●

	書類	内容・注意点	部数	参照ページ
1	設立登記申請書	設立登記をするための申請書	1部	90ページ
2	設立認証書の写し	コピーに原本証明を行なう	1部	91ページ
3	定款の写し	原本証明を行なう	1部	92ページ
4	代表権を有する者の資格を証する書面	理事の就任承諾および誓約書のコピーに原本証明を行なう	1部	93ページ
5	資産の総額を証する書面	設立登記申請受付日以降に作成した設立当初の財産目録の写し	各1部	―
6	印鑑（改印）届書	代表者個人の印鑑証明書を添付	1部	94ページ
7	法人代表者の個人の印鑑証明書	印鑑（改印）届書に添付	1部	―
8	登記用紙	OCR紙、あるいは登記用紙と同一の用紙	各1部	95ページ
9	その他	代理人申請の場合は委任状、定款で所在地を最小行政区画までしか記載していない場合には議事録などが必要		―

では、それぞれの書式について具体的にみていきましょう。

◆それぞれの書類について

- 設立登記申請書

  申請に必要な書類の表紙になるものです。

- 設立認証書の写し

  所轄庁から届いた認証書のコピーに原本証明をして法人代表者印を押したものを作成します。

- 定款の写し

  定款の各ページに契印を押し、ページの最後に原本証明をして法人代表者印を押したものを作成します。

- 代表権を有する者の資格を証する書面

  理事の就任承諾および誓約書のコピーに原本証明をして法人代表者印を押したものを作成します。これは理事全員分が必要です。

- 資産の総額を証する書面

  設立当初の財産目録の写しのことです。

- 印鑑（改印）届書

  法人代表者印を届け出るためのものです。印は鮮明に押しましょう。

- 法人代表者の個人の印鑑証明書

  印鑑（改印）届書に添付するものです。

- 登記用紙

  登記すべき事項を記載する用紙です。コンピュータ化されている法務局の場合は「OCR紙」、コンピュータ化されていない法務局の場合は「登記用紙と同一の用紙」を使います。

●●「設立登記申請書」の例●●

特定非営利活動法人設立登記申請書

1．名　　称　　　　特定非営利活動法人○×サポートセンター

1．主たる事務所　　東京都府中市○○一丁目2番3号

1．登記の事由　　　平成○○年○月○日設立手続終了　←　認証書到達日を記載

1．認証書到達の年月日　　平成○○年○月○日　←

1．登記すべき事項　　別紙のとおり

1．添付書類

　　　　定　　　款　　　　　　　　　　　　　　1通
　　　　認　証　書　　　　　　　　　　　　　　1通
　　　　代表権を有する者の資格を証する書面　　1通
　　　　資産の総額を証する書面　　　　　　　　1通

上記のとおり登記の申請をする。

平成○○年○月○日　←　持参日もしくは郵送日

（主たる事務所）　　東京都府中市○○一丁目2番3号

申請人　　　　　　　特定非営利活動法人○×サポートセンター

（住　所）　　　　　東京都新宿区○○二丁目3番4号

理　事　　　　　　　東京　一郎　　㊞　←　印鑑（改印）届書と同じものを押す

　↑　理事長であっても理事と記入

○○法務局（○○地方法務局）○○支局（○○出張所）御中

●●「設立認証書の写し」の例●●

府国生第○○○号
平成○○年○月○日

住　所　東京都新宿区○○二丁目3番4号
氏　名　東京　一郎

内閣府国民生活局長　㊞

特定非営利活動法人の設立認証について（依命通知）

平成○○年○月○日付けで申請を受け付けた特定非営利活動法人○×サポートセンターの設立については、特定非営利活動促進法（平成10年法律第7号）第12条第1項の規定に基づき、認証されたので、命により通知します。

記

1. 特定非営利活動法人の名称
   特定非営利活動法人○×サポートセンター
2. 代表者の氏名　　　東京　一郎
3. 主たる事務所の所在地
   東京都府中市○○一丁目2番3号
4. 従たる事務所の所在地
   神奈川県川崎市多摩区○○一丁目2番3号

このように原本証明する →
　原本に相違ありません
　特定非営利活動法人○×サポートセンター
　理事　東京　一郎　㊞　← 法人代表者印

●●「定款の写し」の例●●

定款の最終ページ。実際には全ページ必要

附　則
1　この定款は、この法人の成立の日から施行する。
2　この法人の設立当初の役員は、次に掲げる者とする。
　　　理事長　　　東　京　一　郎
　　　副理事長　　神奈川　二　郎
　　　理事　　　　千　葉　三　郎
　　　監事　　　　埼　玉　四　郎
3　この法人の設立当初の役員の任期は、第16条第1項の規定にかかわらず、成立の日から平成○○年○月○日までとする。
4　この法人の設立当初の事業計画及び収支予算は、第44条の規定にかかわらず、設立総会の定めるところによるものとする。
5　この法人の設立当初の事業年度は、第49条の規定にかかわらず、成立の日から平成○○年○月○日までとする。
6　この法人の設立当初の入会金及び会費は、第8条の規定にかかわらず、次に掲げる額とする。
　　(1)　正会員入会金　　　　　　　　　5,000円
　　　　 正会員年会費　　　　　　　　 10,000円
　　(2)　賛助会員入会金　　　　　　　　　　0円
　　　　 賛助会員年会費　　　　1口　3,000円

定款の各ページに契印を押し、ページの最後に右のように原本証明をする　→　当法人の定款に相違ありません
特定非営利活動法人○×サポートセンター
理事　　東京　一郎　　㊞　←　法人代表者印

●●「代表権を有する者の資格を証する書面」の例●●

平成○○年○月○日

特定非営利活動法人 ○×サポートセンター　御中

就任承諾及び誓約書

　　　　　　住所又は居所　東京都新宿区○○二丁目3番4号
　　　　　　氏　　名　　　東京　一郎　　　　　　　　印

　私は、特定非営利活動法人 ○×サポートセンターの理事に就任することを承諾するとともに、特定非営利活動促進法第20条各号に該当しないこと及び同法第21条の規定に違反しないことを誓約します。

このように原本証明をする →
　　原本に相違ありません
　　特定非営利活動法人○×サポートセンター
　　理事　　東京　一郎　　㊞ ← 法人代表者印

第2章◆NPO法人のつくり方　93

●●「印鑑（改印）届書」の記載例●●

印鑑（改印）届書

※ 太枠の中に書いてください。

(注1)（届出印は鮮明に押印してください。） 【法人代表者印】	商号・名称	特定非営利活動法人○×サポートセンター
	本店・主たる事務所	東京都府中市○○一丁目2番3号
	印鑑提出者 資格	代表取締役・取締役・代表理事 （理事） （　　　　　）
	氏名	東京　一郎
	生年月日	明・大・(昭)・平・西暦 ○○年 ○月 ○日生
注2 □ 印鑑カードは引き継がない。 □ 印鑑カードを引き継ぐ。	会社法人等番号	

印鑑カード番号　　　　　　　　　　　　　　　　　　　　　　　　　(注3)の印
前任者

届出人 (注3)	☑ 印鑑提出者本人　□ 代理人	【個人実印】
住　所	東京都新宿区○○二丁目3番4号	
フリガナ	トウキョウ　イチロウ	
氏　名	東京　一郎	

委任状

私は、(住所)
　　　(氏名)
を代理人と定め、印鑑（改印）の届出の権限を委任します。
　　平成　年　月　日
　　住所
　　氏名　　　　　　　　　　　　　　　　　　　　　　　　　印　[市区町村に登録した印鑑]

□ 市区町村長作成の印鑑証明書は、登記申請書に添付のものを援用する。（注4）

(注1) 印鑑の大きさは、辺の長さが1cmを超え、3cm以内の正方形の中に収まるものでなければなりません。
(注2) 印鑑カードを前任者から引き継ぐことができます。該当する□に✓印をつけ、カードを引き継いだ場合には、その印鑑カードの番号・前任者の氏名を記載してください。
(注3) 本人が届け出るときは、本人の住所・氏名を記載し、市区町村に登録済みの印鑑を押印してください。代理人が届け出るときは、代理人の住所・氏名を記載、押印（認印で可）し、委任状に所要事項を記載し、本人が市区町村に登録済みの印鑑を押印してください。
(注4) この届書には作成後3か月以内の**本人の印鑑証明書を添付してください**。登記申請書に添付した印鑑証明書を援用する場合は、□に✓印をつけてください。

印鑑処理年月日				
印鑑処理番号	受付	調査	入力	校合

（乙号・8）

➡ 法人代表者個人の印鑑証明書を添付します

●●「OCR紙」の例●●

1. ワードプロセッサー、邦文タイプライター等で記載してください。
2. 枠内に記載し、枠内では文字ピッチ・行ピッチを変えないでください。
3. 半角/倍角文字、上付/下付文字、下線等の文字修飾は行わないでください。
4. 用紙を破ったり、折り曲げたり、汚したり、修正液、修正テープ、糊張りは行わないでください。

株 有 資 名 ㊑ 他
〔(商号) 特定非営利活動法人
○×サポートセンター〕

1/2 頁

「名称」　　特定非営利活動法人○×サポートセンター

「主たる事務所」　　東京都府中市○○一丁目2番3号

「法人設立の年月日」　　平成○○年○月○日

「目的等」

　　目的および業務

この法人は、地域で暮らす人々に対して、生涯を通じて文化的な生活が送れるよう、また誇りをもって地域で生きていくことができるように支援する事業を行ない、活力ある地域社会の実現に寄与することを目的とする。

この法人は、上記の目的を達成するため、次に掲げる種類の特定非営利活動を行なう。

(1) 社会教育の推進を図る活動

(2) まちづくりの推進を図る活動

(3) 前各号に掲げる活動を行なう団体の運営または活動に関する連絡、助言または援助の活動

この法人は、上記の目的を達成するため、次の事業を行なう。

(1) 特定非営利活動に係る事業

　①社会人のための生涯学習事業

　②総合学習の講師派遣事業

　③商店街活性化事業

　④地域の歴史や文化の継承事業

(2) その他の事業

　①物品販売事業

訂正印　　申請人印（法人代表者印）

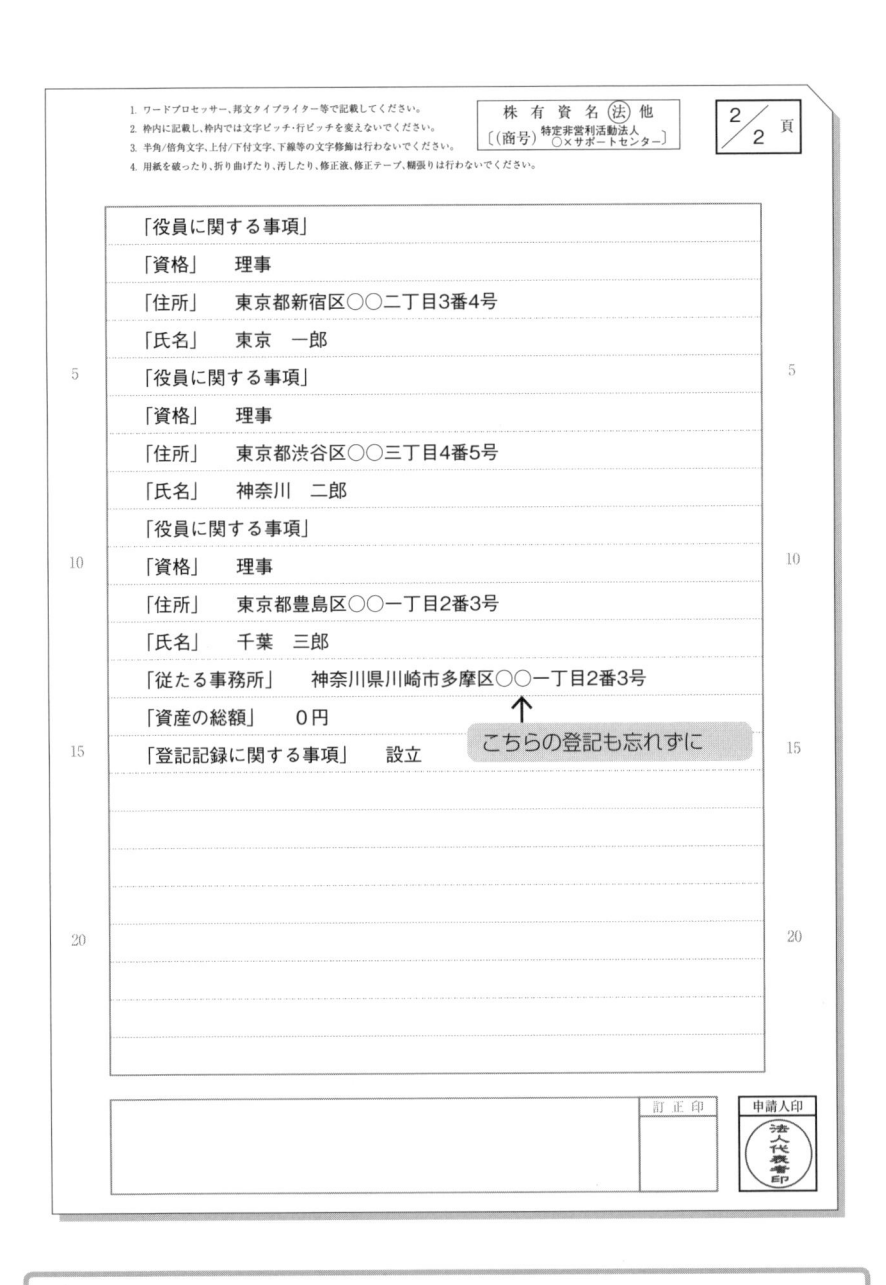

1. ワードプロセッサー、邦文タイプライター等で記載してください。
2. 枠内に記載し、枠外では文字ピッチ・行ピッチを変えないでください。
3. 半角/倍角文字、上付/下付文字、下線等の文字修飾は行わないでください。
4. 用紙を破ったり、折り曲げたり、汚したり、修正液、修正テープ、糊張りは行わないでください。

株 有 資 名 (法) 他
〔(商号) 特定非営利活動法人
　　　　　○×サポートセンター〕

2/2 頁

| 「役員に関する事項」 |
| 「資格」　理事 |
| 「住所」　東京都新宿区○○二丁目3番4号 |
| 「氏名」　東京　一郎 |
| 「役員に関する事項」 |
| 「資格」　理事 |
| 「住所」　東京都渋谷区○○三丁目4番5号 |
| 「氏名」　神奈川　二郎 |
| 「役員に関する事項」 |
| 「資格」　理事 |
| 「住所」　東京都豊島区○○一丁目2番3号 |
| 「氏名」　千葉　三郎 |
| 「従たる事務所」　神奈川県川崎市多摩区○○一丁目2番3号 |
| 「資産の総額」　　0円 |
| 「登記記録に関する事項」　設立 |

↑ こちらの登記も忘れずに

訂正印　　　　申請人印

➡ そのほかの書類（委任状・議事録等）が必要な場合もあるので事前に確認しましょう

第3章

会議や事業報告のポイント

1 大切なことは会議で決める

●総会・理事会とは

　NPO法人を運営していくなかで、いろいろなことを決める話し合いや打ち合わせなどが何度も開催されます。

　会員のみなさんに参加していただく会を「総会」と呼びます。定時総会は、年に1回、決算日後2か月以内に開催され、NPO法人にとっても大きなイベントです。形だけの会ではなく、たくさんの人に参加してもらえるように、日程や内容に工夫が必要です。

　ただ単に、義務の会議だけではつまらないもの。それ以外にも、NPO法人の活動をより知ってもらうためだったり、よりよくなるための発言がしやすい場を設けたり、イベントと共催するのもよいでしょう。といっても、審議がスムーズに進むかわからないので、外部の人を招く場合には、時間設定に気をつけなくてはいけません。

　総会は、「委任状」による出席が可能なので、実際の出席者が極端に少ないNPO法人もあります。できるだけそうならないよう、みんなが出席したいと思う総会を開催できることが目標となります。

　年に1回の総会のほかに、「理事会」があります。名前のとおり、理事が集まって行なう会です。理事会は、定期的に"毎月1回"などと決めているNPO法人も多いですが、何かしらの意思決定をする場合には、臨時理事会を開き、必要であれば臨時総会を行なうこともあります。

　理事会の場合は、人数も少なめですし、馴れ合いになってしまうことも多いので、折に触れて、NPO法人の運営にとって大切な会だという認識をもっていけるとよいでしょう。

　会を開催するにあたって、以前はどうなっていたかなどが問われることがあるので、定款や以前の議事録等を手元に用意しておくことが会議をスムーズに進める秘訣です。

理事会 大人数ではまとまりにくいことを決める

例
■ 毎月1回開催
社員総会で必ず決めなくてはいけない3つのこと以外であれば理事会で決めてもOKです。ただし、公平性や透明性が求められるので、総会で決めることが多くなるのが理想的

議事録作成は忘れずに！
（人数が少なくても必ず作成しましょう）

社員総会 みんなで決めるべきことを決める

議長

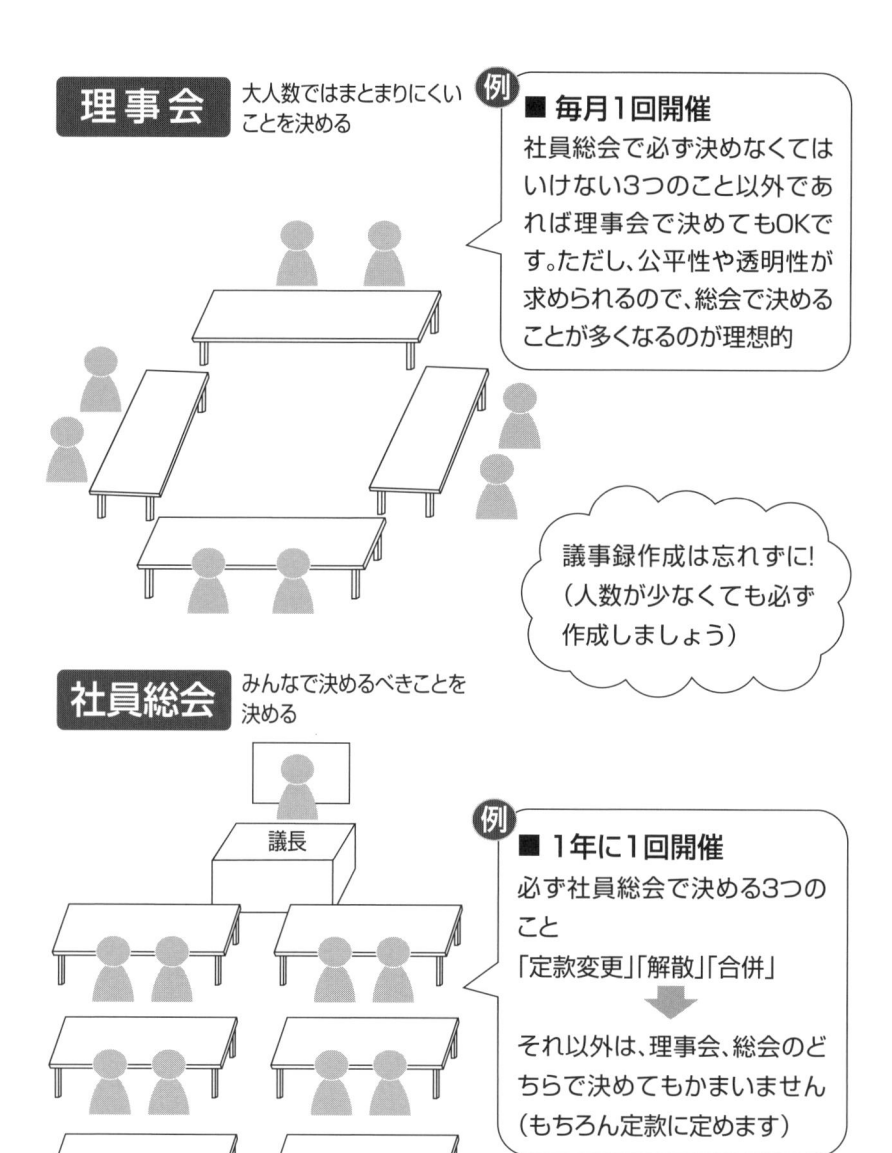

例
■ 1年に1回開催
必ず社員総会で決める3つのこと
「定款変更」「解散」「合併」
⇩
それ以外は、理事会、総会のどちらで決めてもかまいません（もちろん定款に定めます）

各会議で決める事柄については、NPO法人ごとに定款で定めることができます。ですから、定款での決議事項はじっくり決め、設立後もたびたび確認・見直すようにしましょう。

第3章◆会議や事業報告のポイント

●会を開催するときの注意点①委任状

　会員が多ければ多いほど、総会に全員出席することは困難になります。定款の変更などある程度のことを決定する場合には、会員全体の2分の1以上の出席が必要ですが、それすら大変になってくることもあります（出席者の割合については、各NPO法人の定款に準じます）。

　そこで登場するのが、「委任状」です。出席しないかわりに、ほかの人に自分の意思を代理してもらうことで出席したとみなすのです。この委任状の数も出席者としてカウントすることができます。

　ただし、委任状はあくまでも「総会」のときだけで、「理事会」では委任状の出席は認められません。どちらも、できるだけ多くの人が出席できるような日程にすることが大切になります。

　総会前には、「総会開催のお知らせ」「総会資料（事業報告・収支決算など）」「委任状」「返信用封筒（あれば、返信が早い）」を送付します。なお、変更事項がある場合には、わかりやすい資料を同封するとよいでしょう。

●●委任状作成のポイント●●

- 「総会」を開く前に、議案と一緒に前もって送るものです
- 「理事会」は委任状での出席はできません
- "総会をやります"というお知らせは、5日以上前には通知しなくてはならないという決まりがありますが、通常、そんな直前では運営に支障があるので、1か月前くらいには通知したいものです
- とくに、委任状には本人の直筆の署名か印が必要です。郵送する時間への配慮も必要です
- 代理人になりえる人（当日出席予定者）などがわかるように記すことで本人同士が事前に連絡を取りあって、形だけではない委任が好ましいでしょう

●●「定時総会の通知」の例●●

平成○○年○月○日

会 員 各 位

NPO法人○×サポートセンター
理事長　東京　一郎

定時総会開催のお知らせ

　皆さまにはますますご清祥のこととおよろこび申し上げます。平素は、NPO法人○×サポートセンターの事業活動にご理解・ご協力いただき、誠にありがとうございます。
　さて、この度決算を迎えました。つきましては、「定時総会」を開催いたします。お忙しい折とは存じますが、万障お繰り合わせのうえ、ご出席くださるようお願い申し上げます。

　　　　≪ 議　案 ≫　　第1号議案　：　平成○○年度事業報告
　　　　　　　　　　　 第2号議案　：　平成○○年度会計報告
　　　　　　　　　　　 第3号議案　：　平成○◇年度事業計画
　　　　　　　　　　　 第4号議案　：　平成○◇年度予算について
　　　　　　　　　　　 第5号議案　：　定款変更

　　　　　　　　　　　　　　　記

　　日　時　：　平成○○年○月○日（◇曜日）
　　　　　　　　××：××～××：××　「理事総会」（理事のみ）
　　　　　　　　××：××～××：××　「定時総会」

　　会　場　：　◇◇◇　研修室

※　なお、定時総会に欠席の方は必ず「委任状」を事務局まで提出をお願い申し上げます（捺印箇所がありますので、欠席の方はご郵送ください）

　～「出席の申込み」および「委任状」について～
　　期　限　：　○月○日
　　提　出　：　出席申込書・郵送またはFAX（FAX　00-0000-0000）
　　　　　　　　委　任　状・捺印のうえ、郵送（事務局まで）

第3章◆会議や事業報告のポイント

●●「定時総会出席申込書」の例●●

○月○日（◇曜日）出席申込書

〜理事の方〜

　　　理 事 総 会　　　　出席します　　・　　欠席します

〜理事・一般会員の方〜

　　　定 時 総 会　　　　出席します　　・　　欠席します

　　◎　定時総会に出席の方は、ＦＡＸでも可です（下の委任状は不要です）

委 任 状

ＮＰＯ法人　○×サポートセンター

理事長　東京　一郎　殿

私議、○月○日（◇）の理事会・定時総会には、都合が悪く出席できませんので、

＿＿＿＿＿＿＿＿＿＿＿＿＿＿＿＿様を代理人として一切の権限を委任いたします。

平成　　年　　月　　日

　　　住　所　＿＿＿＿＿＿＿＿＿＿＿＿＿＿＿＿＿＿

　　　氏　名　＿＿＿＿＿＿＿＿＿＿＿＿＿＿＿＿　印

●会を開催するときの注意点②議事録

　総会はもちろんのこと、ふだんの理事会でも何を話し合ったかを記録する「議事録」の作成は必須です。しかしこれは慣れるまで意外に大変で、会が始まってから、あるいは終わってから「あれ？　議事録、誰がつくるの？」なんてあわてることも…。議事録をつくることには、以下のような理由もあるのです。

- 欠席した方や出席しない方（理事会であれば理事以外、総会であれば賛助会員や寄付をくださる方など）への報告
- 決めた、決めていないなどのトラブル回避
- 今後のための記録（記憶）とし、新しくつながりができた方への伝達

　議事録があることで、内外部の人に安心感や信頼感を与えるとともに、情報の共有化ができるため円滑な活動につながります。打ち合わせや話し合いなどでも簡単な議事録をつくれるようになればバッチリです。

●●議事録作成のポイント●●

> **議事録に慣れていない方への"豆知識"**
> - 会議を行なう前に、その会で話し合うアウトラインを決めておきます（親しい人同士なので、何となくの話し合いになりがち）
> - 会が始まる前には、議事録を作成する人も決めておきましょう
> - 議事録雛型などをつくっておいて、担当者が会議中その雛型にメモをしていくとスムーズです
> - 人任せにはならないよう、担当者以外もメモを取りましょう

●●「理事総会の議事録」の例●●

平成○◇年度　理事総会議事録

> 理事、監事のみ

特定非営利活動法人○×サポートセンター

- ■招集年月日　　：　平成○○年○月○日
- ■開催日時　　　：　平成○○年○月◇日（○曜日）
  　　　　　　　　　　自　午後○時　至　午後○時
- ■開催場所　　　：　××市××　○○○○　会議室111
- ■理事総数　　　：　××名
- ■出席理事　　　：　△△理事長、・・副理事長、・・常務理事、
  　　　　　　　　　　○○ ○○、○○ ××、・・各理事、・・監事　計○名
- ■委任状出席　　：　○名

> 人数が少ない場合は、名前を書いておくと後でわかりやすくなります

1. 開会
   ○○事務局長の進行のもと、△△理事長が○時○分開会を宣した。

2. 議長、議事録署名人の選任
   議長の選任に移り定款第○章第○条により理事長が議長となり、議長より議事録署名人を理事○○ ○○、理事○○ ××を選出し、議案の審議に入った。

> 条を書くときは間違えないように定款をチェックします

3. 議事の経過要領及び議案別議決の結果
   第1号議案　平成○◇年度（第○期）事業報告
   　　○○事務局長より説明があった後、議長が出席理事に諮ったところ全員異議なく満場一致をもって承認、可決した。

   第2号議案　平成○◇年度（第○期）会計報告
   　　○○事務局長より説明があった後、議長が出席理事に諮ったところ全員異議なく満場一致をもって承認、可決した。

   第3号議案　平成○□年度（第△期）事業計画案
   　　○○事務局長より説明があった後、△△理事長より補足説明があり本年度当団体としては・・・・が重点課題とする旨が伝えられた。
   　　後、議長が出席理事に諮ったところ全員異議なく満場一致をもって承認、可決した。

   第4号議案　平成○□年度（第△期）収支予算案
   　　○○事務局長より説明があった後、△△理事長より補足説明があり本年度は・・・・する旨が伝えられた。それによる・・・・・説明を受けた。
   　　後、議長が出席理事に諮ったところ全員異議なく満場一致をもって承認、可決した。

第5号議案　任期満了にともなう役員改選
　　○○事務局長より説明があった後、△△理事長より補足説明があり新任の・・理事、・・理事の招集についての説明を受け、後、議長が出席理事に諮ったところ全員異議なく満場一致をもって承認、可決した。

第6号議案　定款変更
　　○○事務局長より説明があった後、△△理事長より補足説明があり組織変更にともなう定款変更を伝えられた。後、議長が出席理事に諮ったところ全員異議なく満場一致をもって承認、可決した。

4．閉会
　以上をもって本日の理事総会はすべて終了したので議長は閉会を宣した。

なお、本議事録が正確であることを認めるため理事○○○○、理事○○××は以下に記名押印をする。

　　　　　　　　　　　　　　　　　　↑
　　　　　　　　　　　　　　　　出席理事全員

平成○○年○月○日

　　　　　　　　　　　　　　　　　　　　　理　事　　○○　○○　㊞

　　　　　　　　　　　　　　　　　　　　　理　事　　○○　××　㊞

●●「定期総会議事録」の例●●

平成○◇年度　定期総会　議事録

理事＋正会員等

特定非営利活動法人○×サポートセンター

■招集年月日　　：　平成○○年○月○日
■開催日時　　　：　平成○○年○月◇日（○）
　　　　　　　　　　自　午後○時　至　午後○時
■開催場所　　　：　××市××　○○○○　会議室111
■理事　および　正会員数：理事××名　正会員××名　計××名
■出席した理事　および　正会員数：理事××名　正会員××名　計××名
■委任状を提出した理事　および　正会員数：　理事××名　正会員××名　計××名

理事と正会員数を区分しなくてもOK

1．開会
　　定刻に至り、司会者　○○理事が開会を宣した。

2．理事長挨拶
　　△△理事長より、議事内容とポイントについて説明がなされた。

3．議長、議事録署名人の選出
　　本日の出席者数の報告があり、本日の総会が適法に成立したことを述べ、議事進行上議長の選任方法を諮ったところ、出席者全員の推薦により、△△理事長が議長に選出された。続いて議長から議事録署名人に理事○○○○、正会員□□□□、××××を指名により選出し、異議なく承認された。その後議案の審議に入った。

4．議事経過　および　議案別議決結果
　第1号議案　平成○◇年度（第○期）事業報告
　第2号議案　平成○◇年度（第○期）会計報告
　　　第1号議案　および　第2号議案について、○○理事より説明があり、次いで○△監事より、事業執行と事業報告の妥当性について報告がなされた。その後、議長が議場に対し挙手による採決を求めたところ過半数に達し第1号議案　および　第2号議案は承認、可決された。

　第3号議案　平成○□年度（第△期）事業計画案
　第4号議案　平成○□年度（第△期）収支予算案
　　　第3号議案および第4号議案について、○○理事より説明があり、次いで議長である△△理事長より、会員の情報提供呼びかけを含めた補足説明がなされた。その後、議長が議場に対し挙手による採決を求めたところ過半数に達し第3号議案および第4号議案は承認、可決された。

第5号議案　任期満了にともなう役員改選
第6号議案　定款変更
　　第5号議案および第6号議案について、○○理事より説明があり、その後、議長である△△理事長より、新役員各人のプロフィール等を含めた補足説明がなされた。第5号議案について議長が議場に対し挙手による採決を求めたところ過半数に達し承認、可決された。次に第6号議案について議長が議場に対し挙手による採決を求めたところ、場内の挙手と委任状の賛成をあわせ、規定である議決権者の4分の3以上に達し、変更が承認された。

　　　　　　　　　　　　　　　　　定款にある規定

5．閉会
　　以上をもって本日の議事はすべて終了したため、議長は閉会を宣言した。

　なお、本議事録が正確であることを認めるため理事○○○○および正会員□□□□、××××は下記に記名捺印する。

　　　　　　　　　　　　　　　　　　　　　　　　　　平成○年○月○日

理事・正会員問わず、2名以上の議事録署名人による記名押印が必要です

理　事　　○○○○　㊞

正会員　　□□□□　㊞

正会員　　××××　㊞

●●「監査報告書」の例●●

監 査 報 告 書

平成○○年○月○日

特定非営利活動法人○×サポートセンター
理事長△△ △△ 殿

特定非営利活動法人○×サポートセンター
監　事　◇◇　◇◇　㊞

　私は、○○年○月○日から○△年○月○日までの会計年度における会計及び事業の監査を行ない、次のとおり報告いたします。

1　監査方法
　・会計
　　帳簿ならびに会計書類の閲覧など、計算書類の正確性を検討した。

　・事業
　　事務局から事業の報告を聴取し、関係書類の閲覧など、事業執行の妥当性を検討した。

2　監査意見
　収支計算書は会計帳簿の記載金額と一致し、収支状況を正しく示しているものであり、事業報告の内容は真実と認める。

　よって、収支決算報告・事業報告は適正であることを認めます。

以　上

② 毎年行なう事業報告・変更のための書類作成

🔶毎年事業報告をするときの手続き

　NPO法人は、設立したらそれで終わりではなく、毎年事業年度ごとに活動の報告や決算についての書類を提出する義務があります。これらの情報は認証元である所轄庁（都道府県知事あるいは内閣府）に提出するわけですが、その役所がチェックするために提出するのではありません。この書類は、設立時に縦覧期間（60ページ参照）があるのと同様に、国民や県民などに情報を公開することが目的です。

　公開されている資料は、どんな活動をしているのだろうか？　健全な運営をしているのか？　などを判断する指標にもなります。通常「義務があるからつくる」と思いがちですが、実際は、この書類があることによって、NPO法人の関係者に活動を知ってもらえ、さらに自分たちの活動を振りかえるのにも役立ちます。今後、協力者が出てきたときにも、しっかりとした書類を見せることで信頼が増すわけです。

　ですから、「提出すればいいや」といった義務の書類（内容）ではなく、「自分たちの活動をより理解してもらい、広めるための大切な資料」と気持ちを切り替えて、前向きにつくっていきましょう。

　　　　　　　　●●事業報告をしないと罰則がある●●

⚠️　　　この事業報告を怠ると、以下の罰則があります。
・20万円以下の過料（罰金です）
・3年間提出しないと、認証取り消し（＝NPO法人がなくなる）
　NPO法人の趣旨から事業報告は当然のことなのですが、設立時には頑張って書類を作成するけれど、そのあとはほうっておきがちです。しかも、決算時にあわてて書類を作成するので、「毎年こんなに面倒だとは思わなかった」なんて言葉もチラホラ。そんなことがないよう、心構えをしておきましょう。

●●事業報告の流れ●●

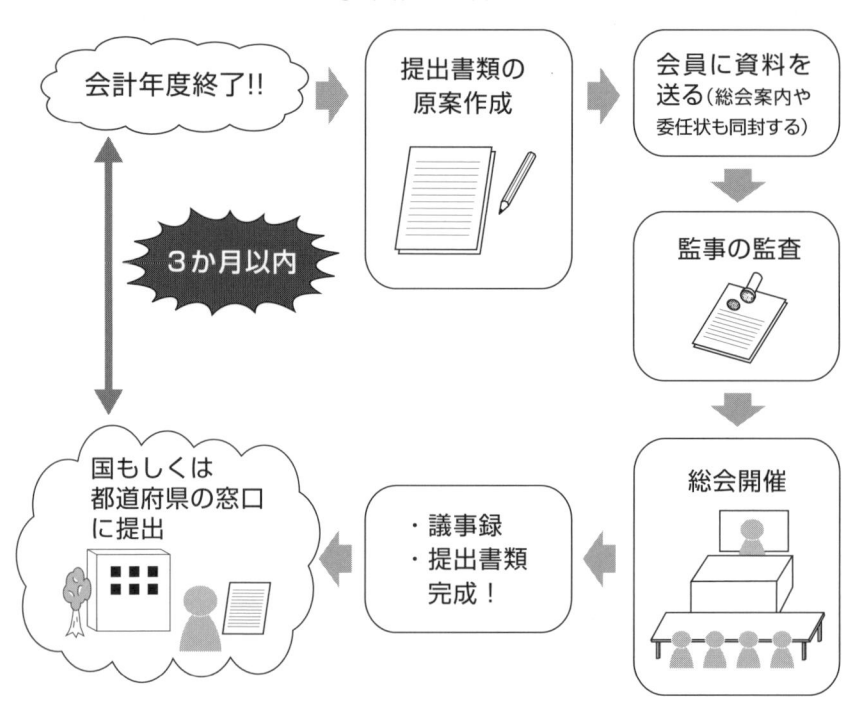

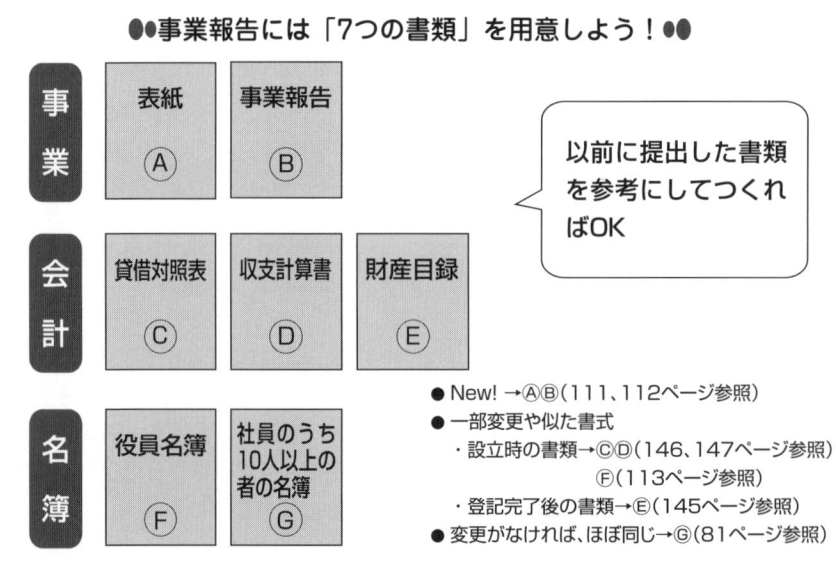

会計年度終了!! → 提出書類の原案作成 → 会員に資料を送る（総会案内や委任状も同封する） → 監事の監査 → 総会開催 → ・議事録 ・提出書類完成！ → 国もしくは都道府県の窓口に提出

3か月以内

●●事業報告には「7つの書類」を用意しよう！●●

事業	表紙 Ⓐ	事業報告 Ⓑ	
会計	貸借対照表 Ⓒ	収支計算書 Ⓓ	財産目録 Ⓔ
名簿	役員名簿 Ⓕ	社員のうち10人以上の者の名簿 Ⓖ	

以前に提出した書類を参考にしてつくればOK

- New! → ⒶⒷ（111、112ページ参照）
- 一部変更や似た書式
  ・設立時の書類→ⒸⒹ（146、147ページ参照）
  　Ⓕ（113ページ参照）
  ・登記完了後の書類→Ⓔ（145ページ参照）
- 変更がなければ、ほぼ同じ→Ⓖ（81ページ参照）

Ⓐ　　　　　　●●表紙となる「事業報告書等提出書」の例●●

　　　　　　　　　　　　　　　　　　　　　　　　　年　　月　　日

○　○　○　○　殿

　　↑
　　内閣総理大臣もしくは　　　（特定非営利活動法人の名称）
　　都道府県知事　　　　　　　代表者氏名　　　　　　　　　印
　　　　　　　　　　　　　　　電話番号

　　　　　　　　　　　　事業報告書等提出書

　下記に掲げる前事業年度（　　年　　月　　日から　　年　　月　　日まで）
の事業報告書等について、特定非営利活動促進法第29条第1項及び第2項並び
に同法第44条第2項の規定により、提出します。

　　　　　　　　　　　　　　　記
　　　　　　　　　　　　　　　　　　☆(基本)2部　　※提出する都道府県によってち
　　　　　　　　　　　　　　　　　　　　　　　　　　がうので要確認
1　前事業年度の事業報告書［☆部］

2　前事業年度の財産目録［☆部］

3　前事業年度の貸借対照表［☆部］　　　　特定非営利活動以外の事業（その他の事業）
　　　　　　　　　　　　　　　　　　　　を行なった場合には、区別してつくる
4　前事業年度の収支計算書［☆部］

5　前事業年度の役員名簿［☆部］

6　前事業年度の社員のうち10人以上の者の氏名（法人にあっては、その名称
　及び代表者の氏名）及び住所又は居所を記載した書面［☆部］

7　記載事項に変更があった定款［☆部］

8　定款の変更に係る認証に関する書類の写し［☆部］　　「変更」があったときだけ
　　　　　　　　　　　　　　　　　　　　　　　　　　必要
9　定款の変更に係る登記に関する書類の写し［☆部］

Ⓑ　　　　　　　　　●●「事業報告書」の例●●

○○年度の事業報告書

○○年○月○日から　○△年○月○日まで

特定非営利活動法人○×サポートセンター

1　事業の成果

> できたこと、できなかったことなどを記載

2　事業の実施に関する事項
　(1) 特定非営利活動に係る事業

> 千円単位

事 業 名 (定款に記載した事業)	具体的な事業内容	(A)当該事業の実施日時 (B)当該事業の実施場所 (C)従事者の人数	(D)受益対象者の範囲 (E)人数	収支計算書の事業費の金額（単位：千円）
社会人のための生涯学習事業	・—————— ・——————	(A)月に1回 (B)△△ (C)□□人	(D)一般 (E)□□人	××× 千円
商店街活性化事業	・—————— ・——————	(A)3月に1回 (B)△△ (C)□□人	(D)一般 (E)□□人	××× 千円

　(2) その他の事業　←　「その他の事業」を行なっている場合には上記の表のようにして記載する

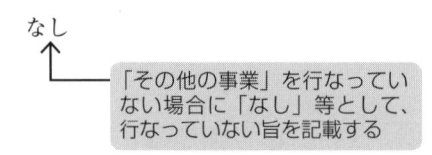

　　なし

> 「その他の事業」を行なっていない場合に「なし」等として、行なっていない旨を記載する

Ⓕ ●●「役員名簿」の例●●

前事業年度の役員名簿

〇〇年〇月〇〇日から　〇△年〇月〇〇日まで

特定非営利活動法人〇×サポートセンター

役職名	氏　名	住所又は居所	就任期間	報酬を受けた期間
理　事	〇〇　〇〇	〇〇市〇〇町1-1-1	H〇.〇.〇. ～H〇.〇.〇.	なし
理　事	〇〇　〇〇	〇〇市〇〇町2-2-2	同　上	同　上
	・ ・ ・	・ ・ ・		

（人数分続く）

> 役員報酬を出した場合は、どの期間に対してのものかを記載する

第3章◆会議や事業報告のポイント

●変更があったときの手続き

　所轄庁に申請したものや登記をしたものでも、活動していくなかで変更しなければならないこともあります。しかし、「じゃ、変えましょう」と簡単にいかないのがNPO法人です。何事も、みんな（理事・正会員）で決めなくてはなりません。そして、変えたことを報告する必要もあります。事柄によっては、所轄庁の認証が必要なこともありますので、ご注意ください。

●●認証や届出が必要なとき●●

■認証が必要なとき（2か月縦覧→その後認証）
- 「NPO法人の名称」「目的」「事務所の所在地（※所轄庁が変わる場合）」「資産の総額」⇒ 認証後、さらに登記が必要
- 「定款変更（届出のみですむ軽微な変更以外）」「17の活動分野の変更」「事業内容の変更」など⇒ 認証だけ必要

■認証は不要だが届出が必要なとき（書類提出のみ）
- 「役員変更（新任・再任・任期満了・死亡・辞任・住所・改姓または改名）」⇒ 届出後、さらに登記が必要
- 「定款変更（事務所の所在地（※所轄庁が変わらない範囲で）の移動、資産に関する事項、公告の方法）」⇒ 届出だけ必要

●登記（法務局）も忘れずに！

　認証を変更しただけだったり、認証してもらったあとも登記をしていないこともあります。実際、法務局と所轄庁が直結しているわけではないので、「登記をしなさい」と親切に教えてくれるものでもありません。にもかかわらず、あまりにも遅れて登記をした場合には過料（罰金）がかかることも考えられます。変更の際には、登記が必要な事項かどうかもチェックして登記を忘れないようにしましょう。

　通常、登記の期限は変更してから「2週間以内」です（従たる事務所の場合は3週間、資産の総額の変更は、事業年度終了後2か月以内）。

●●「役員の変更等届出書」の例●●

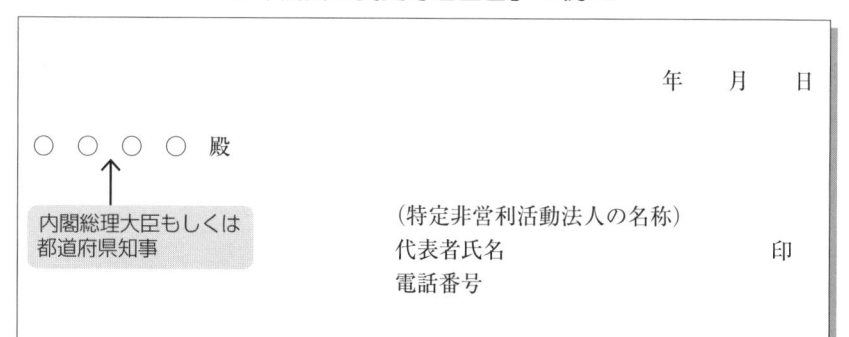

年　　月　　日

○　○　○　○　殿

↑
内閣総理大臣もしくは
都道府県知事

（特定非営利活動法人の名称）
代表者氏名　　　　　　　　　印
電話番号

役員の変更等届出書

　下記のとおり役員の変更等があったので、特定非営利活動促進法第23条第1項の規定により、届け出ます。

変更年月日 変更事項	役　名	氏　名	住所又は居所
○年○月○日 新任	理　事	◇◇　◇◇	○○市○○町1-1-1
○年○月○日 再任	監　事	◇◇　◇◇	○○市○○町2-2-2
○年○月○日 任期満了	理　事	◇◇　◇◇	○○市○○町3-3-3
･ ･ ･	･ ･ ･	･ ･ ･ （人数分続く）	
		◇◇　◇◇ （○○　◇◇）	

↑ 新任・再任・任期満了の他、死亡・辞任・解任、住所の移動、改姓または改名

↑ 住民票と同じ表記

旧姓・旧名を記載

〈添付書類〉
新任の場合
・就任承諾書
・住民票
・議事録

●●「定款変更届出書」の例●●

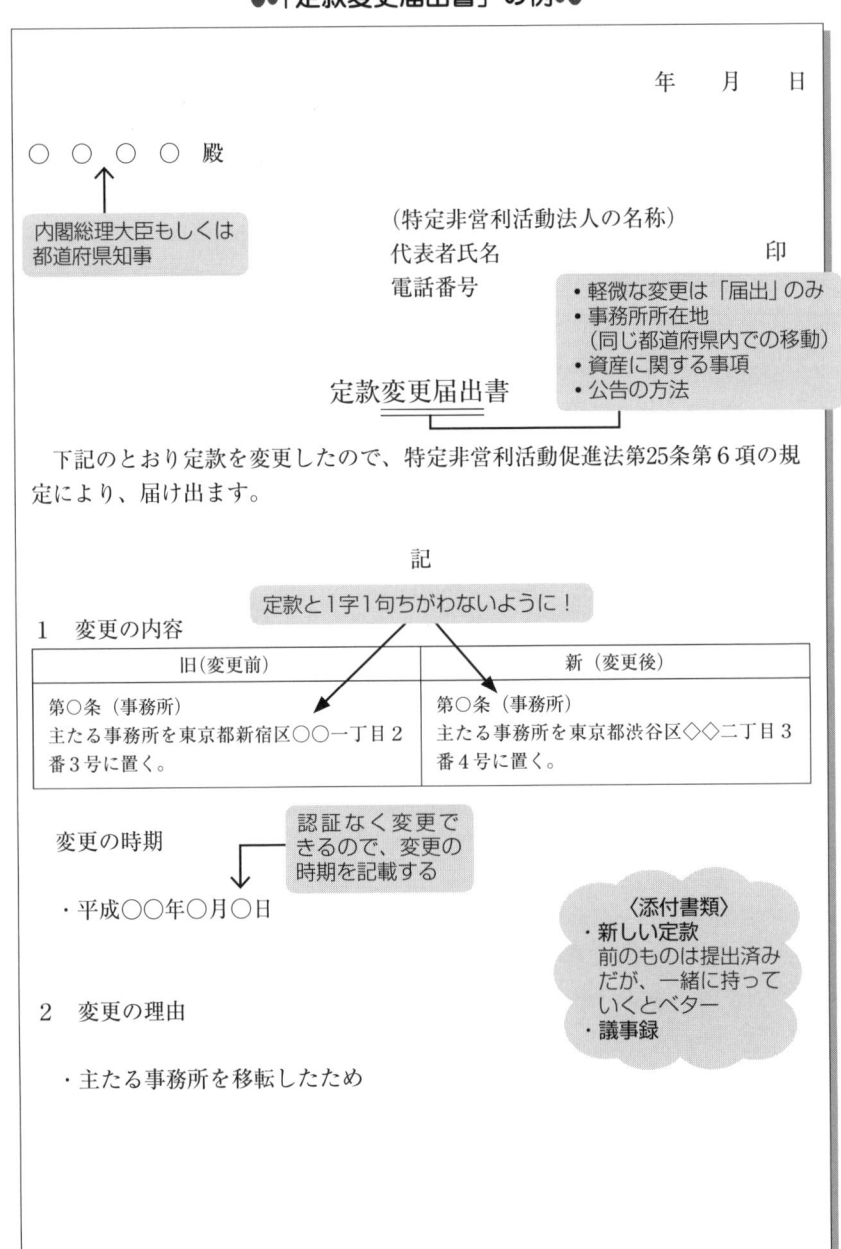

　　　　　　　　　　　　　　　　　　　　　　　年　　月　　日

○　○　○　○　殿

＜内閣総理大臣もしくは都道府県知事＞

　　　　　　　　　　（特定非営利活動法人の名称）
　　　　　　　　　　代表者氏名　　　　　　　　　　印
　　　　　　　　　　電話番号

＜軽微な変更は「届出」のみ
・事務所所在地
（同じ都道府県内での移動）
・資産に関する事項
・公告の方法＞

定款変更届出書

　下記のとおり定款を変更したので、特定非営利活動促進法第25条第6項の規定により、届け出ます。

記

＜定款と1字1句ちがわないように！＞

1　変更の内容

旧（変更前）	新（変更後）
第○条（事務所） 主たる事務所を東京都新宿区○○一丁目2番3号に置く。	第○条（事務所） 主たる事務所を東京都渋谷区◇◇二丁目3番4号に置く。

変更の時期

＜認証なく変更できるので、変更の時期を記載する＞

・平成○○年○月○日

〈添付書類〉
・新しい定款
　前のものは提出済みだが、一緒に持っていくとベター
・議事録

2　変更の理由

・主たる事務所を移転したため

●●「定款変更認証申請書」の例●●

年　月　日

○　○　○　○　殿

← 内閣総理大臣もしくは都道府県知事

（特定非営利活動法人の名称）
代表者氏名　　　　　　　　　　　印
電話番号

定款変更認証申請書

＞ 軽微な変更以外のものは「認証」が必要

　下記のとおり定款を変更することについて、特定非営利活動促進法第25条第3項の認証を受けたいので、申請します。

記

＞ 定款と1字1句ちがわないように！

1　変更の内容

旧（変更前）	新（変更後）
第○条（名称） この法人は、特定非営利活動法人○×サポートセンターという。	第○条（名称） この法人は、特定非営利活動法人◇◇○×サポートセンターという。
第□条（開催） 2（2）正会員総数の3分の1以上から会議の目的である事項を記載した書面をもって召集の請求があったとき。	第□条（開催） 2（2）正会員総数の5分の1以上から会議の目的である事項を記載した書面をもって招集の請求があったとき。

2　変更の理由

＞ 「認証」されてから「変更」となるので「定款変更届出書」のような「変更の時期」を記載する必要はない

＞ 認証にかかる日数よりも先の場合は記載しても可

　活動人数の増加によって、活動する地域の拡大傾向にあるため、名称の頭に地域の名前を入れることで、より地域に根ざした活動をするとともに、地域ごとに別NPO法人を立ち上げる計画があるため

　会員の数が増えたため、3分の1以上の請求ではなく、5分の1以上の請求があった場合でも、総会を開催することにしたい

●●定款変更の認証を申請する際の添付書類●●

1　定款変更認証申請書［1部］
2　定款の変更を議決した社員総会の議事録の謄本［1部］
3　変更後の定款［2部］
4　定款の変更の日の属する事業年度および翌事業年度の事業計画書［2部］
5　定款の変更の日の属する事業年度および翌事業年度の収支予算書［2部］
（定款の変更がNPO法第11条第1項第3号または第11号に掲げる事項に係る変更を含むものであるときに限る）

※ 所轄庁の変更を伴う定款の変更の場合はさらに、以下の書類を添付

6　役員名簿（役員の氏名および住所または居所並びに各役員についての報酬の有無を記載した名簿をいう）(NPO法第26条第2項)［2部］
7　NPO法第2条第2項第2号およびNPO法第12条第1項第3号に該当することを確認したことを示す書面
8　直近のNPO法第28条第1項に規定する事業報告書等（設立後当該書類が作成されるまでの間はNPO法第14条において準用する民法第51条第1項の設立の時の財産目録、合併後当該書類が作成されるまでの間はNPO法第35条第1項の財産目録）

3 活動の継続のために必要な収入源

◆NPOの資金調達

　NPO法人が継続的に活動を行なっていくためには、運営に際して発生するさまざまな経費を何らかの収入でまかなっていかなければなりません。

　事業に必要な経営資源はヒト・モノ・カネとよく表現されますが、そのひとつであるカネをどのように調達し、どのように運用していくかは、NPO法人にとっても悩みのタネです。資金難で開店休業状態にあるNPO法人も少なくない現状を考えると、非常に重要な課題です。

　NPO法人は設立すること自体が目的ではありません。たとえ、当初は志を同じくした仲間内での手弁当による活動が中心であったとしても、継続的に運営できる体制をつくり上げることができなければ存続は難しいでしょう。次に資金調達の方法を挙げてみます。

◆運営を安定させるには、会費収入がカギ

　NPO法人の主な収益源として「会費収入」が挙げられます。賛同を得られやすい趣旨や活動のほうが会費は集まりやすいし、さらに継続して会

●●会費収入の考え方の例●●

```
＜今年度実績＞
　　正会員　　年会費　○千円　×　人数　　　　○○万円
　　賛助会員　年会費　○千円　×　人数　　　　（前年と比べて増？減？）
＜来年度の予測＞
・今年度の活動が認められたので、現会員も減ることは少なそうだし、新しい会
　員も増えそうだ　⇒　今年度の130％で考えよう
・今年度の活動はあまり活発ではなかったから、現会員が減少するかも…
　　　　　　　　　⇒　今年度の80％で考えよう
```

員でいたいと思ってもらえるような活動を続けることが大切です。それができるのであれば、会費ほど安定収入につながる資金源はほかにありませんし、事業計画もたてやすくなります。

　会員の増加は、運営を安定させることにつながり、さらには事業が拡大・浸透することにもなるので喜ばしいことなのですが、こればかりをあまりにも重視してしまうと、悪循環が起こります。

　会員を増やそうとやっきになって、「新入会員を○名集めること」などと義務になってしまい、「名義だけで活動しなくてもいいから入ってほしい」というお願いをする人が出てくる団体もないとはいい切れません。そうなってしまっては、本末転倒。やはり目的の第一は、活動に共感してもらうことです。

　そして、せっかく会員になった人には、継続してもらうための配慮（サービス）も必要です。会員になる理由は人それぞれです。すべてを満たすのは難しいですが、どんな理由で会員になってくれたのかを把握することは、会員維持につながりますし、仲間集めの際にもきっと役立ちます。やはり会員や仲間の声をきちんと聞くことが大切です。

●寄付金収入は臨時収入と考えよう

　「いいことをしています。だから寄付してください」だけでは、なかなか資金は集まりません。あまりに集まらないので、「自分たちの活動は世の中に必要とされていないんじゃないか…」と落ち込む人もいるほどです。寄付金は、その団体・活動・使い道が明確であれば集まりやすいものです。集めるときは以下のことを念頭においてください。

●●寄付金を集めるときに伝えるポイント●●

- □ 自分たちはどんな団体なのか
- □ どんな想いをもって活動しているか（目的・ミッション）
- □ どんな活動をしているか（活動実績）
- □ 寄付をもらったら、そのお金を何に使うのか
- □ 本当にお金を役に立てたのかを知る方法は？（事後の報告）

　ただし、寄付というのはあくまで「臨時収入」と考えてください。「去

年これだけ寄付が集まったから、今年はもっと集まるかも」と算段をするところもありますが、それを見越して事業計画を立てるのは危険です。とくに、寄付はタイミングですから、偶然寄付できる余裕があったからとか、その単発の企画に賛同しただけだからなど、一時的な理由のほうが多いのです。逆に、あてにしていなかったときなどにもらった寄付は、余裕資金に回せます。NPO法人にとってはいわゆる「ボーナス」みたいなものです。しかし、「気づいたらなくなっていた」なんて使い方にならないように十分に注意して、寄付してもらった人には忘れずに使い道、使った金額などを報告しましょう！

●よく耳にする補助金・助成金とは？

"NPO法人だと、補助金や助成金がもらいやすい"と勘違いされるほど、NPO法人には補助金・助成金は身近な存在のようです。国や地方自治体のほか、財団や社団法人、企業などからも提供があります。融資（貸付）とはちがい、もらえるお金（返還不要）なので、もらえるものであればもらいたいものです。でも、そう思うのはみな同じです。

もらうためには申請して審査を通る必要がありますが、実際助成してもらった場合には、その後の報告義務が課せられます。タダでお金をもらっているのですから当然です。申請することで一生懸命になっていると報告を忘れがちなので、気をつけてください。

それから、補助金や助成金を頼りに活動をしていくと、もらえなくなったときに支障をきたすことがあります。もらえなくても活動や運営には支障がない範囲で頼るのであれば、もらったお金も活きてくるでしょう。

実際に補助してもらえる場合でも、「かかった費用の3分の1」など、全額ではないことも多いので、NPO法人自体に資金力がないともらえないこともあります。そして、補助金・助成金の多くは、活動が終わってからもらえるケースが多いことから、従業員の給料やそのほかの経費などをまずは立て替えなくてならず、資金繰りに苦労するのが現状です。しかも、支払いは数か月先、長ければ約1年も先になることもあるようです。申請の際には、そのような「資金繰り」も十分に検討してからにしましょう。

とにもかくにも、申請者も増えていますが、補助金・助成金の制度も増えています。企業の社会的責任（CSR）が叫ばれていることも理由の1つでしょう。NPO法人活動をしているものにとっては、とてもありがたいことです。助成してくれた方々に喜んでもらえるような使い方をしていきたいものです。

　このほかに、従業員を雇った場合に出る助成金もあります。条件にあてはまればもらえるものなので、このような制度も活用しましょう。

●●補助金・助成金をもらうことのメリット・デメリット●●

メリット
□ 活動資金がもらえ、安心して事業が行なえる
□ 申請書を書くことにより、事業を前もって真剣に考える機会がもてる
□ 採択されたら、より団体や活動を知ってもらえる
□ 報告する義務があることで、活動が着実に行なわれやすい
□ 発表する場があることで、団体を知ってもらえる
□ 実績になり、信用や信頼が生まれてくる

デメリット
■ 申請書をつくるのが大変
■ 採択されたら、その活動を確実に行なわなくてはならない
■ 採択された事業は、なかなか方向転換や変更などがしにくい
■ 予算があるから消化しようと不要な出費をする（ところもあり、本末転倒）
■ 報告書の作成も大変

　一生懸命やればやるほど、助成対象に選ばれなかったときに悲しく、悔しい思いをします。たまたま今回の主旨には不足している部分があったり、もっとふさわしい団体があったから選考からもれただけなのですが、まれに行政や団体など審査してくれる側を批判する声も耳にします。そういうことがないように、楽しみながら計画が立てられるといいですね。

●●申請書を出す前に…●●

・わかりやすい申請書（企画書）になっていますか？
　→活動を知らない人が見てもわかるように書かれている必要があります
・プレゼンのしかたや資料はわかりやすいですか？
　→最近ではパソコンのパワーポイントを使って発表する人も増えていますが、"きれい"よりも、"伝わること"が大切です！

補助金・助成金をもらうための情報収集

補助金・助成金は、うまく活用しているところとまったく利用していないところに二極化されています。聞いてみると、利用したことがあるNPO法人は、情報収集がポイントのようです。

●●情報収集の方法はいろいろ●●

・インターネット（ホームページ）
・メールマガジン・メーリングリスト
・情報誌・広報誌
・口コミ

1つひとつ探すのも手だけれど……
中間支援組織（NPOの活動を支援するNPO）の力を借りよう！

上記のような情報をたくさんもっている以外にも、助成金などをもらいやすくするために、「わかりやすい企画書のつくり方」「プレゼンテーションのコツ」などのサポートセミナーを行なっているところも多いので要チェック！

一歩踏み出すと、情報が入ってきたり、経験がつまれて、申請用紙やプレゼンがよくなってくるので、チャレンジしてみてはいかがでしょうか。繰り返しチャレンジすることで、企画立案能力がアップします。

何といっても事業収入が必要不可欠

いままでのNPO法人は、前述の「会費」「寄付」「補助金・助成金」の3つの収入源が中心と考えられてきました。"NPOだから、稼いではいけない？"と勘違いする人も少なくないようです。しかし、最近では「事業収入」をメインと考えるNPO法人も増えてきています。もちろん、以前から介護や福祉関係のNPO法人は事業収入がメインでしたが、いまでは

どのNPO法人でもその傾向があります。法人の活動をもっと広めていきたいという想いが強ければ強いほど、その活動に対する資金が必要になってくるからです。

　なかには、"お金を稼ぐなんて…"という考え方をしているNPO法人もあるのですが、せっかく必要とされる社会的な活動をしているのですから、資金不足のために活動がストップしたり、縮小したり、あげくの果ては仲たがいを引き起こし、解散に至るなんて、もったいなさすぎます。

　お金を支払ってくれるのは、サービスに価値を感じてくれているからなのです。自分たちの活動に関連している物やサービスを提供でき、お客様が喜んでくれるのであれば、こんなに嬉しいことはありませんし、会員の拡大にもつながります。何より、事業で得た利益は会員や理事で配分するのではなく、NPO法人の活動費として使われるのですから、素敵なことです。

　近年、地方自治体では、民間に委託できるものは委託しようという傾向があり、「指定管理者制度」（185ページ参照）と呼ばれる事業委託が急速に広まっています。しかも、企業ではなく、NPO法人に委託したいと思っている行政機関も少なくないので、ある意味チャンスかもしれません。しかし、事業の委託を受けると、専属の従業員が必要になったりして、経費の支出増になります。助成金と同様ですが、資金計画と人員配置を考えて、見通しが立つようでしたら、立候補してみましょう。

　いろいろな資金について考えてきましたが、NPO法人であっても、経営です。活動を継続・拡大するためにも、経営についての考え方は非常に重要になるので、「ビジネス」の視点も取り込みながら、中長期的な視野をもって進めていきましょう。

事例◆市民がつくるNPOバンク

「NPOの花を咲かせるお手伝いをします」をキャッチフレーズにしたNPOバンク「NPO法人NPO夢バンク」が信州にあります。

NPO夢バンクは2003年の設立以来、29団体に計7029万円（2007年8月末現在）を低金利でNPOに貸し出しています。融資先は、法人格の有無に関わらず、地域で汗を流し地域や市民のためにがんばっているNPOです。

設立時の資金、助成金や補助金等が決定されてから入金されるまでの運転資金等として、NPOに無担保で信用貸しをするというのがNPO夢バンクの特徴です。実績のないNPOにとっても、すでに助成金などを受けているNPO法人にとっても、こうしたNPOバンクは資金調達の大きなチャンスとなります。

このようなNPOバンクは全国に9つ（2007年9月現在）存在しています。全国フォーラムも開催され、NPOにとって新しい資金獲得の道として注目されています。

各NPOバンクの連絡先

名称	電話	メール
北海道NPOバンク	011-204-6523	npobank@npo-hokkaido.org
いわてNPOバンク	019-606-1101	center@iwate-npo.org
新潟コミュニティバンク	025-280-8750	niigata-c-b@tatunet.ddo.jp
NPO夢バンク	026-269-0015	info@npo-nagano.org
未来バンク	03-3654-9188	mirai_bank@yahoo.co.jp
東京コミュニティパワーバンク	03-3200-9270	community-fund@r2.dion.ne.jp
ap bank(アーチストパワーバンク)		ap@apbank.jp
女性・市民信用組合(WCC)設立準備会	045-651-2606	wccsj@bank.email.ne.jp
コミュニティ・ユース・バンクmomo		info@momobank.net

参考文献「お金に意志を持たせよう」第2回全国NPOバンクフォーラム実行委員会発行

第4章

スタッフや給料について
知っておこう

1 スタッフやボランティアは大切な構成員

●いろいろな立場の人がNPO法人を支える

　NPO法人はさまざまな人によって運営されています。

　まず、ある人が「こんなことをやりたい」と誰かに相談し、「いいね、よしやろう」となって準備が始まります。そこから、設立時には社員が10名以上、設立後には、さらに会員やスタッフが増えていくのです。会員やスタッフは、そのNPO法人によって扱いや呼び方が異なり、各団体の定款などに定めるのですが、一般的な例を次ページに挙げておきます。

　個人事業はもちろんのこと、いまは株式会社などの法人事業では、1名からスタートすることが可能です。それに比べて、NPO法人は設立のときで10名以上ですから、そこだけみても、「人」がキーになることはわかります。たとえ、想いが同じ（近い）と集まったメンバーでもマネジメントは大変ですから、名義だけや何となく入った人がいると、もっと大変になるのです。逆に、いい仲間が集まると、活動がより楽しくなることでしょう。

●●正会員はみんな「平等」●●

> ⚠ ＮＰＯ法人の正会員になりたいという人がいたら入会を受け付けます。
> ・誰でも入れる（特殊な場合のみ制限が認められる場合はある）
> ・議決権も平等（会費の額などによって変わらない）
> というのがNPO法人のきまりです。
> 　したがって、ある学校の卒業生だけとか、地域の人だけとか、ある資格がある人だけしか正会員になれないなどという制限をつけることができないのです。

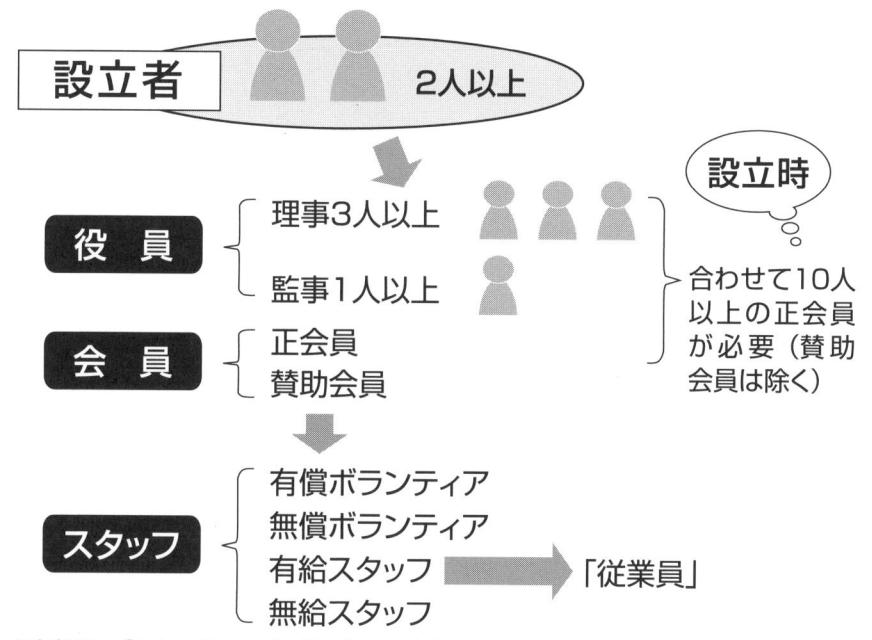

```
設立者 ── 2人以上
   ↓
役員 ┤ 理事3人以上        ┐ 設立時
     │ 監事1人以上        │ 合わせて10人
                          ├ 以上の正会員
会員 ┤ 正会員              │ が必要（賛助
     │ 賛助会員            ┘ 会員は除く）
   ↓
スタッフ ┤ 有償ボランティア
        │ 無償ボランティア
        │ 有給スタッフ  → 「従業員」
        │ 無給スタッフ
```

※本書では、「スタッフ」とは「有給スタッフ・無給スタッフ・ボランティアスタッフ」のこと、「有給スタッフ」のことを「従業員」と呼ぶことにします

●構成員やスタッフはどう集める？

　NPO法人の運営に欠かせないものは、「ミッション（使命）」と「人」。せっかくのよい事業・活動をしているにも関わらず、よい人が集まらなければ、なかなか前に進むことができません。しかもむやみに人が集まればいい、というものではありません。自分たちのミッションを共有できる仲間が必要です。

　一体どのような方法で集めているのかについて、次のページにまとめてみました。

　NPO法人では"想いの共有"が大切なので、一方的に告知する方法ではないほうがよいようです。一番多いのが、口コミ。やりたいこと、やろうとしていることなどを「文字」よりも「言葉」で伝えます。それに共感してくれた人に、会員やスタッフになってもらうとスムーズなのです。

　最近では、ホームページなどを検索して参加する人も多いようです。地

💭 仲間（会員）をどうやって集めた？

1 紹介、口コミ

理由：話が早い、NPOのことを知ってくれている、あわない人が来にくい、想いが同じだったり近かったりする、安心

2 セミナーやイベント開催

3 ホームページや広報誌

💭 スタッフ（従業員）はどうやって集めた？

1 会員もしくは会員の紹介

2 セミナーやイベントの際やホームページ、広報誌への告知

3 ハローワークや求人誌

〈 口コミの注意点 〉

- おしつけない、一方的に話さない
- 「こんないいことをやっているのになんで！」と思わない
- 間違って伝わらないように注意したり、心がける
- 「興味や関心がある事柄が人によってちがうんだ」という前提で話す

元でNPO活動をしたいと思ってやってくる人は、想いが近く、意欲も高いので、活動の即戦力となります。

あるNPO法人では、Iターンを希望していた大手企業に勤めていた人が、その地では社会に貢献できる仕事をしたいと、在職中にインターネットで検索したNPO法人に「働きたい」と希望してこられたそうです。そのときはNPO法人の事情（給料が少ないなど）も伝えて一度は断ったそうですが、納得のうえで会社をやめ、そのNPO法人で従業員として働き始めたとのこと。その方のイキイキとしていた表情が印象的でした。

どの方法がよいということはないので、とにかくいろいろな情報発信を心がけて実行することが、よい縁を生むことにつながります。

注意したいのが、「一方的に話をする」ことです。営業マンでも、押し売りする方はイヤですよね。それと同じで、「こんなにいいことをやっているのに、どうしてわかってくれないんだ！」と逆に怒り出す人もいますが、これではイメージを悪くしてしまいます。役員のみならず、NPO法人に関わる人全員が陥らないように配慮すべきポイントです。

●契約書や就業規則も企業と同じ

「NPO法人でも労働保険・社会保険についての取扱いは企業と同じ」といいましたが、そのほか、「労働基準法（労基法）」や後述（136ページ）の「給与支払いの5つの原則」も、同様です。それ以外でも、

- むやみやたらに解雇できない
- 有給休暇を付与する
- 残業や休日出勤は、賃金を割増支給する

などは雇い主の義務です。逆に従業員の義務もあります。それをまとめたものが「就業規則」です。

残念なことではあるのですが、労使間のトラブルはあとを絶ちません。それはNPO法人も同じこと。一番問題になるのが「口約束」です。「聞いていません」「言っていません」「聞きました」「言いました」などということがないためにも、就業規則は大切です。あわせて、各従業員ごとの

「労働契約書」も必需品です。

不要なトラブルを防ぐため、そしてお互いに安心して業務に励むためにも、ぜひ「約束ごとを紙に残す」ことを心がけてください。

最近の就業規則では、「機密事項」「個人情報保護」「パソコンの使用」「セクハラ」などを盛り込んだものが増えています。なお、いわゆる雛型を使うと、自分たちのNPO法人には当てはまらず、就業規則と実態があわないことにもなりかねません。そうならないためにも、自分たちにあった就業規則を工夫してつくるとよいでしょう。

●専門家との連携を図ろう

「設立するときの書類がわかりにくい」「登記の書類がつくれない」「税務申告ってどうやってやるの？」「人を雇ったけど、どんな手続きが必要？」などなど、NPO法人をつくって運営してくると、たくさんの"困ったこと"に出会います。経験があることならよいのですが、法律などが関係する部分については困りもの。そんなときには、本などで勉強するのもひとつの手ですが、専門家の力を借りることも考えてみましょう。

●●専門家の力を借りるメリット・デメリット●●

メリット
- その道の専門家なので、豊富な知識や経験を借りることができる
- その分野について勉強する時間が省ける（ほかのことに時間が使える）
- 安心できる

デメリット
- お金がかかる（NPO法人なので多少安くしてくれる人もいる）
- 任せっきりになってしまう団体もある（ブラックボックス化）

専門家はNPO法人や会社の経営者、NPO法人の相談窓口などに聞いたり、紹介してもらうとよいでしょう。金額も大切ですが、相性もあるので、見積もりをお願いする前に、まず会ってみてください。

●●スタッフを雇う前に、アウトソーシングできるか考える●●

　現在のスタッフだけではやりきれないほどに作業量が増えてきて、「増員しないと作業が追いつかない…、従業員を採用しよう」と思うこともあるでしょう。しかし、ちょっと待った！
　「アウトソーシング（外注）できないか？」と考えてみてください。そして、まず以下のことを書き出してください。

１：どんな作業があるのかすべて書き出す
２：１で出てきた作業を仕分けする
　　A）「スタッフしかできないもの」　　　　　　　↑（作業の優先順位）
　　B）「知識・経験・能力が必要なもの」　　　　　　高い
　　C）「ある程度教えれば誰でもできるもの」
　　D）「ちょっと教えれば誰でもできるもの」　　　　低い

◎Aの作業
　⇒　スタッフはこれを優先的に作業する
◎Bの作業
　⇒　専門家や経験がある人に頼んでやってもらう
◎C、Dの作業
　⇒　この部分だけを定期的にやってもらえる人を探す
　　　（ボランティアもしくは、数時間のアルバイト）

　アウトソーシングには、費用や労力（探して依頼する、教えるなどの手間）がかかります。従業員として雇うほうがよい面もあるのですが、NPO法人としては定期的に発生する固定費の支払いをできるだけ抑えなければなりません。
　アウトソーシングをしていくなかで、費用対効果を確信できるようになったときに、従業員を雇うとよいでしょう。

●専門知識を教えてもらうだけではない、本当のメリット

　いろいろな専門家がいると思いますが、基本的にはいろいろな方面に人脈をもっている人が多いです。専門業務以外でもよいアドバイスをもらえることもあります。そうなると、専門家に自分たちの活動を知ってもらい、共感してもらうことができたら、強い味方になってくれることは間違いナシ。

　しかも、初めはこちら側がお客として仕事を依頼するのですから、じっくり話を聞いてくれるわけです。これは大きなチャンス。お金はかかるかもしれませんが、それ以上に大きなリターンが期待できます。

●●専門家は、NPO法人のサポーター●●

資格・名称	専門分野	NPO法人に関連する事項
弁護士	法律に関する相談・事務	・ちょっとトラブルが… ・これって法律では、どうなっているのかな？
司法書士	裁判所・法務局に提出する書類作成・相談	・NPO法人で土地を登記したい ・設立できたので、登記が必要
行政書士	行政機関に提出する書類作成・相談	・NPO法人を設立するにはどうしたらいい？ ・年度の報告書をつくるには…
社会保険労務士（社労士）	労働・社会保険や人事労務に関する書類作成と相談	・人を雇ったんだけど保険は？　就業規則は？ ・スタッフのことで相談が…
税理士 公認会計士	会計・税務に関する書類作成と相談	・税務申告しないと！ ・お金の流れが把握できない
弁理士	特許・商標などに関する書類作成と相談	・これって特許取れる？ ・この名前、使われたくない
ITコーディネータ WEBデザイナー	IT化支援のサポート WEBデザイン	・ITをもっと活用したい ・ホームページをつくりたいのだけど…

② 給料は計画的に支払うこと

●給料の支払いはどうする？

　役員報酬、有償ボランティアへの支払いなどもありますが、ここでは、「従業員（有給スタッフ）への給料の支払い」について説明します。
　さて、一番気になるのが給料の額。一体いくらにすればよいのでしょうか？
　「通常の企業と同水準で支払いたい（もらいたい）」というのが本音ですが、そのようにいかないのが実情のようです。
　金額を決める際に気をつけたいことがあります。1人の従業員に対して、目に見える金額のほかにも労働保険料や社会保険料、また、交通費や雑費などがかかります。実際に支払う給料の額の1.5倍前後はかかると思っておいたほうが、「こんなにかかると思わなかった！」と焦らなくてすむのではないでしょうか。
　ただ、ここで注意してほしい点があります。事業計画などのやりくりを考えて、給料の額を試算するときにでも、最低保証しなくてはいけない金額が決まっています。これを「最低賃金」といいます。こちらの額は、地域によって異なり、改定も行なわれるので、労働基準監督署に問い合わせて確認してください。
　「やっぱり従業員を雇うのは大変だ…」と思われるかもしれません。しかし、NPO法人を運営していくと、みんながボランティアではなかなかうまくいかないことも確かです。報告事項や広報誌の作成、ホームページの更新、問い合わせへの対応、事業や企画運営の事務処理など、定期的な仕事はたくさんあります。
　そのようなことをやってくれる事務局スタッフが安心して働ける環境をつくること、そして資金繰りだけに目を向けず、視野を広げて、バランスよい運営を考えることがNPO法人自身の発展にもつながることでしょう。

どちらにしても、従業員を抱えると固定費がかかるので、「採用したけど、給料を払えない」というトラブルが起きないよう慎重に進めてください。

**NPO法人といえども、従業員は従業員
労働者を雇うときに守らなくてはいけないコト**

◇給与支払い「5つの原則」（労働基準法第24条）
　①通貨払い（現物支給や小切手は×。本人の了解があれば口座振込は○）
　②直接払い（代理人へは×）
　③全額払い（一部は来月……は×）
　④毎月1回以上払い（払わないで翌月まとめてなどは×）
　⑤一定期日払い（毎月第○・○曜日は×。特定の日を決める）
◇社会保険（健康保険・厚生年金）の加入
　労働保険（労災・雇用保険）
　〜労働条件によって加入するかどうか異なる〜
◇所得税・年末調整
◇最低賃金
　〜各都道府県によって異なる〜

●労働保険や社会保険は企業と同様に適用される

　給料のほかにかかる経費のなかには、「労働保険・社会保険」の保険料があります。会社員として勤めたことがある人はきっと、毎月の給料明細を見て、「なんでこんなに保険料が引かれているのだろう…」と思ったことがあるでしょう。この保険料について、実際にNPO法人（事業主）として支払う保険料の額と給付金をまとめてみました（次ページ図参照）。

　従業員を1人でも雇い入れると、まず「労働者災害補償保険（労災保険）」に加入しなければなりません。このほかの「雇用保険」「社会保険（健康保険・厚生年金保険）」は、その従業員の労働時間によって加入するかしないかが分かれます。いずれも、企業と同様に適用しなければなりません。

　仕事中に事故やケガにあったときのために、労災保険はあります。軽度

●●労働保険と社会保険●●

(2008年4月1日現在)

	種類	加入対象者	保険料	主な給付金等
労働保険	労災保険	すべての労働者（アルバイトでも1人以上いれば加入）	事業内容によって異なる $\frac{4.5}{1000} \sim \frac{118}{1000}$（全額事業主負担）	・療養給付 ・休業給付 ・傷病年金 ・障害給付 ・遺族給付 など
労働保険	雇用保険	1週間の所定労働時間が30時間以上であるもの（1週間の所定労働時間が20時間以上かつ1年以上引き続き雇用が見込まれる者も対象）	事業内容によって異なる $\frac{15}{1000} \sim \frac{18}{1000}$ 被保険者が $\frac{6}{1000} \sim \frac{7}{1000}$ を負担、残りは事業主負担	・就職促進給付 ・求職者給付 ・教育訓練給付 ・雇用継続給付（高齢者・育児休業・介護休業） など
社会保険	健康保険	一日の所定労働時間が一般社員のおおむね4分の3以上で、かつ1か月の勤務日数が一般社員の所定労働日数の4分の3以上のもの（1週間の労働時間を40時間と考えることが多いため週に30時間以上働く人を指します）	標準報酬の8.2% 40歳以上65歳未満はプラス介護保険1.13%（被保険者と事業主とで折半）	・療養の給付 ・傷病手当金 ・出産手当金 　出産育児一時金 ・埋葬料 ・高額療養費 など
社会保険	厚生年金		標準報酬の14.996%（被保険者と事業主とで折半）	・老齢厚生年金 ・障害厚生年金 ・遺族厚生年金 ・障害手当金 など

なものであれば補償も可能かもしれませんが、大事故だったり、そのせいで障害が残ってしまったときには、本当に労災保険の存在は大きいです。もちろん、ちょっとしたケガや通勤中の災害についての補償も認められます。

雇用保険は、万が一NPO法人を解雇されたときに、給付を受けられます。健康保険では、病気やケガで仕事ができないと認められた場合に給料の3分の2を保証してくれる手当もあります。厚生年金も、自分自身でしか保険料を納めない国民年金よりも、将来もらえる額が増えますし、それ以外にも障害や死亡した際に本人・遺族に支払われる給付などが国民年金よりも手厚かったりします。

このような給付は、NPO法人にではなく、従業員や従業員の遺族におりるものです。ということは、従業員の安心感につながります。

なお、雇用保険関係ではNPO法人（事業主）が「助成金」をもらえる可能性がありますので、ハローワークなどで情報収集をしてどんどん活用しましょう。

●「給与支払事務所等の開設届出書」を提出する

NPO法人が、その役員やスタッフに役員報酬や給与を支払う場合には、まずはそのNPO法人の所在地を管轄する税務署（以下、所轄税務署長）に「給与支払事務所等の開設届出書」（140ページ参照）を提出し、給与事務を取り扱う事務所ができたことを知らせましょう。

しばらくして税務署から送られてくる冊子に源泉徴収のしかたなどがまとめられていますので、それを参考にして給与事務処理を進めるとよいでしょう。なお、この届出書の提出期限は、報酬や給与を支払う事務所を開設した日から1か月以内と決められていますので、お忘れなく。

●源泉徴収制度と納期の特例制度

NPO法人は役員やスタッフに給与などを支払う場合や税理士などに報酬を支払う場合には、その支払いの際にあらかじめ定められた税額表などに基づいて一定の所得税額を天引きして国に納付する必要があります。この制度を「源泉徴収制度」といい、給与や報酬などを支払う者を「源泉徴

収義務者」といいます。

　源泉徴収義務者は、天引きした所得税を原則として給与などを支払った月の翌月10日までに、税務署所定の納付書を使用して税務署または金融機関の窓口で納付しなければなりません。ただし、給与などの支払いを受ける役員・スタッフ数が常時10人未満である場合には、所轄税務署長に「源泉所得税の納期の特例の承認に関する申請書」(141ページ参照)を提出して承認を得ることで、源泉所得税の納付を半年に一度とする「納期の特例制度」を選択することができます。この場合、1月から6月までの支払分は7月10日までに、7月から12月までの支払分は翌年の1月10日までに納付すればよいことになります。

　さらに、「納期の特例適用者に係る納期限の特例に関する届出書」(141ページ参照)をその年の12月20日までに提出した場合には、その届出をした年以後、毎年7月から12月までの間に源泉徴収した所得税の納期限については通常の1月10日から1月20日に延長することができます。

　「納期の特例制度」を選択した場合には、源泉所得税の納付回数が年2回となり事務負担は軽減されますが、半年分の源泉所得税をまとめて納付することになるため、特定月の資金負担が増加します。あらかじめ源泉徴収した所得税を別途積み立てるなどの対策を立てておくことが望ましいでしょう。

●●役員・従業員が10人未満なら特例制度を●●

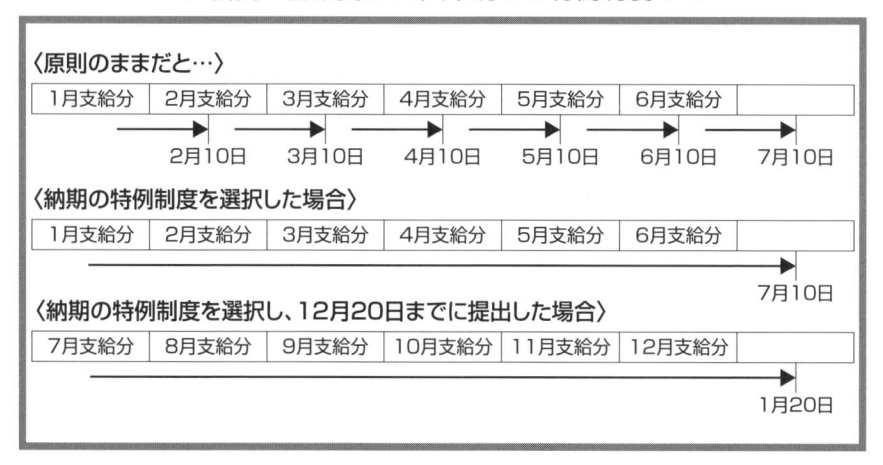

〈原則のままだと…〉

1月支給分	2月支給分	3月支給分	4月支給分	5月支給分	6月支給分	
	2月10日	3月10日	4月10日	5月10日	6月10日	7月10日

〈納期の特例制度を選択した場合〉

1月支給分	2月支給分	3月支給分	4月支給分	5月支給分	6月支給分	
						7月10日

〈納期の特例制度を選択し、12月20日までに提出した場合〉

7月支給分	8月支給分	9月支給分	10月支給分	11月支給分	12月支給分	
						1月20日

●●「給与支払事務所等の開設届出書」の記載例●●

給与支払事務所等の 開設・移転・廃止 届出書

※整理番号

税務署受付印

平成○○年○月○日

八王子 税務署長殿

給与支払事務所等
- （フリガナ）トクテイヒエイリカツドウホウジン デイケアハチオウジ
- 名　称　特定非営利活動法人 デイケア八王子
- 所在地　〒○○○-○○○　東京都八王子市元本郷町×-×-×　電話（042）○○○-○○○○
- （フリガナ）フクシ　イチロウ
- 代表者氏名　福祉　一郎　㊞

所得税法第230条の規定により下記のとおり届け出ます。

記

給与支払事務所等を開設・移転・廃止した年月日	平成○○年○月○日
屋号	
開設・廃止の内容	☑法人設立　□法人成り　□開業　□支店開設　□解散　□休業　□廃業　□支店閉鎖　□その他（　　）
事務担当者の氏名及びその所属する係名	
住所又は本店の所在地	同　上
関与税理士 住所	電話（　）－
事業種目	デイケアサービス事業　物品販売業
（フリガナ）氏名	
給与支払を開始する年月日	平成○年○月○日
移転前後の所在地	

従事員数及び給与支払の状況

区分	役員	事務職員	営業・工員	その他	計
従事員数	1人	2人	人	人	3人
給与の定め方	月給	月給			
税額の有無	有・無	有・無	有・無	有・無	

（その他参考事項）

税理士署名押印　　　　㊞

（規格A4）

※税務署処理欄	部門	決算期	業種番号	入力	名簿等	通信日付印	年月日	確認印

18.06改正　　　　　　　　　　　　　　　　（源0301）

「源泉所得税の納期の特例の承認に関する申請書兼納期の特例適用者に係る納期限の特例に関する届出書」の記載例

源泉所得税の納期の特例の承認に関する申請書兼納期の特例適用者に係る納期限の特例に関する届出書

※整理番号

(フリガナ)	トクテイヒエイリカツドウホウジン デイケアハチオウジ
名称	特定非営利活動法人 デイケア八王子
所在地	〒○○○-○○○○ 東京都八王子市元本郷町×-×-× 電話 042-○○○-○○○○
(フリガナ)	フクシ イチロウ
代表者氏名	福祉 一郎 ㊞

平成○○年○月○日

八王子 税務署長殿

所得税法第216条の規定による源泉所得税の納期の特例についての承認を申請します。
また、この申請が認められた場合は、租税特別措置法第41条の6第1項の規定による源泉所得税の納期限の特例についても併せて適用を受けたいのでこの旨届け出ます。

申請の日前6か月間の各月末の給与の支払を受ける者の人員及び各月の支給金額〔外書は、臨時雇用者に係るもの〕	月区分	支給人員	支給額
	年 月	外 人	外 円
	年 月	外 人	外 円
	年 月	外 人	外 円
	年 月	外 人	外 円
	年 月	外 人	外 円
	年 月	外 人	外 円

1 現に国税の滞納があり又は最近において著しい納付遅延の事実がある場合で、それがやむを得ない理由によるものであるときは、その理由の詳細
2 申請の日前1年以内に納期の特例の承認を取り消されたことがある場合には、その年月日

> この特例は、申請書を提出した月の翌月末日までに税務署長から却下の通知がなければ、その申請の翌々月の納付分から適用になる。
> たとえば、申請書の提出が2月ならば、2月支払分については3月10日が納期限になり、特例の適用が受けられるのは3月支払分以降となるので注意が必要。

税理士署名押印 ㊞

※税務署処理欄	部門	決算期	業種番号	入力	名簿	通信日付印	年月日	確認印

18.06改正　　　　　　　　　　　　　　　　　(源1401-3)

〈規格A4〉

第4章◆スタッフや給料について知っておこう　141

●年末調整も忘れずに

　年末調整とは、NPO法人がその役員や従業員への給与の支払いの際に源泉徴収した所得税額の合計額と、その年に支給された給与総額・扶養家族などの状況から確定した各人のその年に負担すべき所得税額とを比較して、その過不足を精算する手続きで、1年間の給与計算事務の総決算となるべきものです。

　NPO法人は、源泉徴収税額が不足していた場合には不足分を各人から追加で徴収し、超過していた場合には超過分を還付することで各人の精算を行ない、税務署への納付についても同様の調整を行なってから納付します。

　また、同時に源泉徴収票を作成して各人に交付するとともに、各人が居住する市区町村へも翌年の1月31日までに提出しなければなりません。

第5章

会計と税金について知っておこう

1 NPO法人だからこそ、きちんと記帳する

●会計の役割って何だろう？

　NPO法人の会計には大きく分けて、外部への報告を目的とした制度会計と内部管理のための管理会計とがあります。

　制度会計とはNPO法や税法などのルールに基づいて決算書類を作成し、利害関係者への報告を目的とする会計をいいます。NPO法人をとりまく利害関係者には、所轄庁、税務官庁、会費を負担した会員や寄付金を支払った寄付者などの資金提供者などが存在しますが、これらの機関や人にきちんと法律に基づいた決算書類により財務報告を行ない、対外的な信用を獲得することが、あらたな賛同者を増やし将来の事業の発展につながることになるでしょう。

　管理会計についてはとくに法律的に規定されているものではありません。それぞれのNPO法人が会計データを独自に加工・分析し、意思決定に利用することで今後の運営の効率化・合理化に役立てることを目的としています。

　制度会計と管理会計は、たとえていうなら車の両輪のようなものです。どちらか一方だけではなかなか事業はまっすぐ前には進まないものです。適正な会計事務を心がけ、会計データを事業に活用することで、事業の外面も内面も磨いていきましょう。

●NPO法人に求められている情報開示義務とは？

　NPO法第28条、29条はNPO法人の情報開示義務について定めています。それによると、NPO法人は、毎事業年度、一定の書類を作成して、これを主たる事務所に備え置き、利害関係者から請求があった場合には閲覧させること、さらに、これを各事業年度終了後3か月以内に所轄庁に提出し、所轄庁は閲覧の請求があった場合には閲覧させることが決められてい

ます。

　NPO法人は公益性を求められているため、広く情報を公開しチェックを受けられる体制をとり、所轄庁の監督とともに市民の監督も受けることでより健全な運営を確立することが望まれているのです。

　作成が要求されている書類は次のとおりです。

●●「財産目録」の例●●

　財産目録とは、事業年度末にNPO法人が有する各資産、負債ごとにその内容、数量等を記載した書類で、貸借対照表の明細書としての性格を有しています。

X2年3月31日現在

特定非営利活動法人　○○○

科　目　・　摘　要	金　　額　（単位：円）		
Ⅰ　資産の部			
1　流動資産			
現金預金			
現金（現金手許有高）	200,000		
普通預金（○○銀行○○支店）	2,000,000		
当座預金（○○銀行○○支店）	650,000		
未収会費	30,000		
X1年度会費（3名分）			
流動資産合計		2,880,000	
2　固定資産			
車両　　（1台）	500,000		
什器	200,000		
備品　　（パソコン5台）	1,000,000		
敷金	250,000		
固定資産合計		1,950,000	
資産合計			4,830,000
Ⅱ　負債の部			
1　流動負債			
短期借入金（○○銀行○○支店）	500,000		
未払金（什器購入費）	200,000		
預り金（源泉所得税）	30,000		
流動負債合計		730,000	
2　固定負債			
長期借入金（○○銀行○○支店）	1,000,000		
固定負債合計		1,000,000	
負債合計			1,730,000
正味財産			3,100,000

●●「貸借対照表」の例●●

貸借対照表とは、事業年度末における資産、負債、正味財産が記載され、NPO法人の財政状態を示す書類です。

X2年3月31日現在

特定非営利活動法人　〇〇〇

科目・摘要	金　額（単位：円）		
Ⅰ 資産の部			
1　流動資産			
現金	200,000		
普通預金	2,000,000		
当座預金	650,000		
未収会費	30,000		
流動資産合計		2,880,000	
2　固定資産			
車両	500,000		
什器	200,000		
備品	1,000,000		
敷金	250,000		
固定資産合計		1,950,000	
資産合計			4,830,000
Ⅱ 負債の部			
1　流動負債			
短期借入金	500,000		
未払金	200,000		
預り金	30,000		
流動負債合計		730,000	
2　固定負債			
長期借入金	1,000,000		
固定負債合計		1,000,000	
負債合計			1,730,000
Ⅲ 正味財産の部			
前期繰越正味財産		1,200,000	
当期正味財産増加額（減少額）		1,900,000	
正味財産合計			3,100,000
負債及び正味財産合計			4,830,000

●●「収支計算書」の例●●

収支計算書とは、1事業年度の収入と支出が記載され、NPO法人の活動の結果を表わしています。経常的な収支については経常収支の部で表示し、非経常的な収支についてはその他資金収支の部で計算します。

X1年4月1日からX2年3月31日まで

特定非営利活動法人　○○○

科　　目	金　　額	(単位：円)	
Ⅰ　経常収入の部			
1　入会金・会費収入			
入会金収入	200,000		
会費収入	1,000,000	1,200,000	
2　事業収入			
○○事業収入	5,000,000		
△△事業収入	800,000	5,800,000	
3　寄付金収入			
寄付金収入	200,000	200,000	
経常収入合計			7,200,000
Ⅱ　経常支出の部			
1　事業費			
○○事業費	4,000,000		
△△事業費	500,000	4,500,000	
2　管理費			
□□費	500,000		
▽▽料	200,000	700,000	
3　☆☆支出			
※※支出	100,000	100,000	
経常支出合計			5,300,000
経常収支差額			1,900,000
Ⅲ　その他資金収入の部			
1　□△□△			
・・・・	0	0	
2　その他の事業会計から繰入	0	0	
その他資金収入合計			0
Ⅳ　その他資金支出の部			
1　▽△▽△			
	0	0	
その他資金支出合計			0
当期収支差額			1,900,000
前期繰越収支差額			1,200,000
次期繰越収支差額			3,100,000

（正味財産増減の部）			
Ⅴ　正味財産増加の部			
1　資産増加額			
当期収支差額(再掲)	1,900,000		
		1,900,000	
2　負債減少額			
・・・・			
増加額合計			1,900,000
Ⅵ　正味財産減少の部			
1　資産減少額			
当期収支差額（再掲）（マイナスの場合）			
・・・・			
2　負債増加額			
・・・・			
減少額合計			0
当期正味財産増加額（減少額）			1,900,000
前期繰越正味財産額			1,200,000
当期正味財産合計			3,100,000

　ほかに事業報告書（112ページ）、役員名簿（113ページ）、社員のうち10人以上の者の名簿（81ページ）が必要です。

🔵NPO法人の会計原則

NPO法人の作成・公開する会計書類は、NPO法第27条において、①正規の簿記の原則、②真実性・明瞭性の原則、③継続性の原則と呼ばれる一定のルールを守るよう要請されています。

・正規の簿記の原則

すべての取引を網羅していること（記録の網羅性）、すべての取引を客観的証拠により検証できること（記録の検証性）、すべての取引を秩序正しく記録すること（記録の秩序性）。

・真実性・明瞭性の原則

決算書類を正規の簿記の原則に従って作成された会計帳簿から誘導的に作成し、明瞭に真実を記載すること。

・継続性の原則

決算書類作成の際の会計処理の方法をみだりに変更せず、決算書類の恣意的な操作を防ぎ、その比較可能性を確保しようとするもの。

🔵NPO法人の帳簿・記帳方法

NPO法人の帳簿といっても、普通法人のものととくに大きく変わりません。複式簿記と呼ばれる経理処理を前提とした場合には、主要簿と呼ばれる仕訳帳と総勘定元帳の作成が必要になります。そのほかの帳簿（補助簿といいます）には、現金出納帳、預金出納帳、売上帳、仕入帳、固定資産台帳、会費明細表などがありますが、これらのすべてが必要なわけではなく、各NPO法人の事業内容や状況により必要なもの、あったら便利なものを自由に選択していけばよいでしょう。

また、制度会計上の適正な決算を行なうために必要な帳簿をきちんと整備しておけば、そのほかの帳簿についてはとくに決められたフォームにこだわる必要はありません。会計の知識が乏しいスタッフや会員にとっても見やすく、わかりやすいフォームなどを作成し、会計データをより身近なものとして把握してもらえるように努めましょう。せっかくの会計データを単に決算や申告のためだけにしか利用しないのはもったいないことです。NPO法人の現状や今後の改善点などを会計データを通してスタッフ

や会員が共有し、内部管理や意思決定に利用していく姿勢が今後の事業運営の一助となるはずです。

●●記帳の手順●●

（帳簿の準備）
↓　まず、必要と思われる帳簿を用意しましょう。
（取引）
↓　いよいよ事業活動の開始です。
（証拠書類確認・保存）
↓　領収書の宛名・金額などは間違っていませんか？
　　請求書・領収書などは紛失しないようにすぐファイルしましょう。
（仕訳帳・伝票に記入）
↓　日付・相手先・金額・摘要を確実に記入し、記入モレ・ミスがないように。
（総勘定元帳へ転記）
↓　転記ミスはありませんか？
（試算表作成）
↓　毎月必ず実績を数値で確認しましょう。
　　おかしな点・疑問点があったらすぐ確認を！
（決算整理）
↓　利害関係者のみなさんに理解してもらえるように。
（決算書類作成）
　　前期と比較して大きな増減はありませんか？

2 NPO法人に求められる区分経理を理解しよう

●区分経理とは

　NPO法第5条では、「その他の事業に関する会計は、当該特定非営利活動法人の行う特定非営利活動に係る事業に関する会計から区分し、特別の会計として経理しなければならない」と規定されています。

　会計を区分するということは、会計単位を複数もうけて、それぞれの決算書類を作成することを意味しています。これを区分経理といいます。たとえば、特定非営利活動に係る事業とその他の事業を営むNPO法人の場合には、特定非営利活動に係る事業の会計とその他の事業の会計の2種類に会計を区分し、財産目録、貸借対照表、収支計算書をそれぞれの会計単位ごとに作成しなければなりません。

　しかし、実務上、貸借対照表をきっちり区分することは困難な場合が考えられるので、その場合には、財産目録と貸借対照表は特定非営利活動に係る事業会計を会計単位としてまとめて作成し、その他の事業会計については収入、支出についてのみを区分経理することもありえます。

　また、支出については、各会計単位に共通な経費を各事業に適正に配分する必要があります。資産の使用割合や従業員の従事割合、各事業の収入金額の比など合理的な按分基準を使用して按分するとよいでしょう。

　ここで注意しなければならないのは、NPO法とは別に、法人税法においても区分経理が要求されている点です。法人税法では、NPO法人について法人税法施行令第6条により「収益事業から生ずる所得に関する経理と収益事業以外の事業から生じる所得に関する経理とを区分して行わなければならない」と規定されています。

　次項で説明しますが、NPO法と法人税法とでは収益事業の定義が異なるため、NPO法で区分経理が要請されている「特定非営利活動に係る事業に関する会計」「その他の事業の会計」が、法人税法で区分経理が要求

されている「収益事業から生ずる所得に関する会計」「収益事業以外の事業から生じる所得に関する会計」と必ずしも一致するとは限りません。そのため、複数の事業を営むNPO法人の場合には、最大で4通りの会計単位が必要になる可能性があります。

しかし、はじめから4つの会計単位をもうけて記帳を行なっていくことはとても煩雑なので、まずは、NPO法上の会計単位で記帳を行なっておき、決算・税務申告時に法人税法上の収益事業の要件により再度調整を行ない、法人税法上の会計単位に区分しなおすことが実務上有効でしょう。

●●会計単位は、最大で4区分!!●●

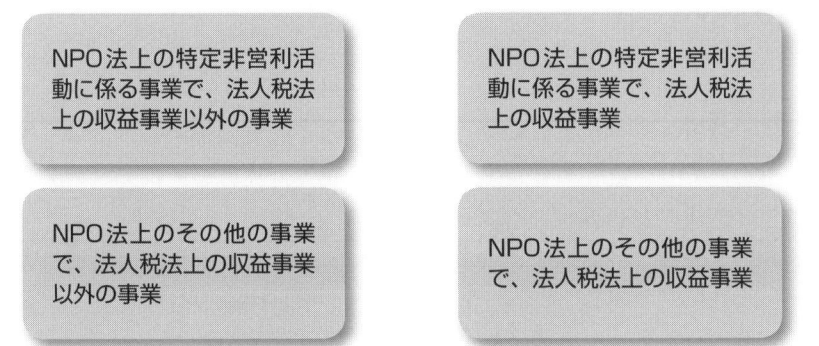

- NPO法上の特定非営利活動に係る事業で、法人税法上の収益事業以外の事業
- NPO法上の特定非営利活動に係る事業で、法人税法上の収益事業
- NPO法上のその他の事業で、法人税法上の収益事業以外の事業
- NPO法上のその他の事業で、法人税法上の収益事業

●●実務上は、決算時に調整!!●●

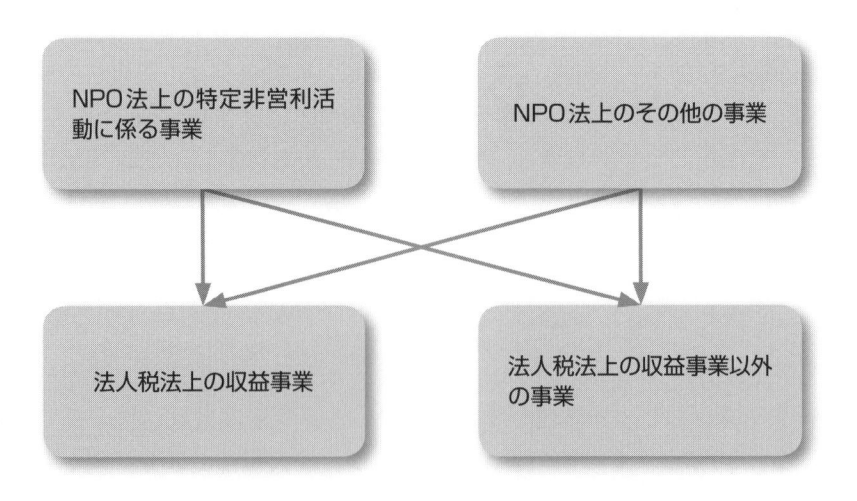

- NPO法上の特定非営利活動に係る事業
- NPO法上のその他の事業
- 法人税法上の収益事業
- 法人税法上の収益事業以外の事業

●資金の範囲を決める

　事業の見方には、収入から支出を差し引いて最終的に資金が増えたのか減ったのかという資金の増減に着目する視点と、収益から費用を控除して結果的に儲かったのか損をしたのかという、損益に着目する視点とがあります。

　一般企業においては、発生主義と呼ばれるルール（費用収益の認識を現金の収入支出という事実とは無関係に、取引の発生ベースでカウントしていく会計方法）に基づいて損益計算書を作成し損益を把握することが求められており、また、実際の資金の増減についてはキャッシュフロー計算書を作成することで確認していきます。

　NPO法人の会計においては、損益計算書の作成は要求されておらず、資金の出入りを表わす収支計算書の作成を求められている点が企業会計とは大きく異なります。収支計算書とは、基本的には資金が入ってきたら収入へ、資金が出ていったら支出へ、と資金の流れを記録するシンプルな構造になっています。

☆収支計算書を算式で表わすと……
　　（前期繰越資金）＋（収入）－（支出）＝（次期繰越資金）

☆収支計算書を図で表わすと……

前期繰越資金	当期支出
当期収入	次期繰越資金

　では、収支計算書の資金とは何を表わしているのでしょうか？
　通常は資金＝現預金と考えますが、たとえば3月決算の場合に、サービスの提供を3月中に終え、その売上金の回収が4月であるような場合、資金＝現預金という前提によると、そのサービス収入が収支計算書に記録されるのは4月になってしまいます。つまり、3月末時点ではそのサービス

収入は収支計算書に反映しないので、その収支計算書は正確な経営成績を表わしているとはいえないことになります。

　収支計算書の作成にあたっては、あらかじめ定めた資金の範囲に従って、資金の範囲内にあるものが入ってきた場合（資金の増加）は収入として、資金の範囲内にあるものが出ていった場合（資金の減少）は支出として処理をし、また、資金の範囲内の科目どうしで動きがあったとしても、その取引は資金総額に増減を与えないので収入・支出としては処理しません。このように資金の範囲の定め方によりその後の会計処理に影響が及ぶため、最終的に収支計算書の示すものが変わってくるのです。

●資金の範囲の具体例

　資金の範囲の決め方には、大きく３つのタイプがありますが、どれを選択するかは各法人の判断に委ねられています。それぞれの特徴は次のとおりです。

① 「資金＝現預金」とする場合
- 実際の現預金に移動があった場合に収入・支出に計上する方法
- その事業年度の経営成績を正確に表わせない
- 未収金や未払金の発生がまれで、法人税法の収益事業を行なっていない（申告義務がない）比較的小規模なNPO法人に適している

② 「資金＝現預金＋短期金銭債権債務（借入金等を除く）」とする場合
- 現預金だけではなく、短期金銭債権債務（借入金等を除く）の増減も資金の増減として計上する方法
- その事業年度に帰属すべき収入・支出を正確に計算することができる
- 未収金・未払金が頻繁に発生する場合や、法人税法上の収益事業を行なっている場合など、多くのNPO法人にとって一番適している
  （注）短期金銭債権債務とは、未収金、前払金、未払金、前受金などをいう。

③「資金＝現預金＋短期金銭債権債務（借入金等を含む）」とする場合
- 現預金、短期金銭債権債務に加え、短期借入金等までを資金と認識する方法
- 短期借入金の借入や返済が、資金の範囲内の科目どうしの動きになるため、収支計算書に反映されない
- どのNPO法人にとっても適しているとはいえない

●●実際の資金残高をイメージしてみよう！●●

貸借対照表

現預金	50	未払金	30
		短期借入金	30
未収金	20	長期借入金	30
什器備品	50	正味財産	30

● 「資金＝現預金」の場合
　　資金＝現預金50

● 「資金＝現預金＋短期金銭債権債務（借入金等を除く）」の場合
　　資金＝現預金50＋未収金20－未払金30＝40

● 「資金＝現預金＋短期金銭債権債務（借入金等を含む）」の場合
　　資金＝現預金50＋未収金20－未払金30－短期借入金30＝10

3 NPO法人も税金と無関係ではない

●法人設立の届出を提出する

　NPO法人はその設立後、税務署、都道府県税事務所、市区町村役場などへ法人を設立したことを届け出る必要があります。提出先・提出書類はそのNPO法人が法人税法に規定する収益事業を行なっているかどうかによって変わってきます。主な提出先と提出書類は次のとおりです。

提出先	提出書類	収益事業を行なう場合	収益事業を行なわない場合
所轄税務署	収益事業開始届出書	必要	不要
所轄税務署	青色申告の承認申請書	希望者のみ必要	不要
都道府県税事務所	事業開始等申告書	必要	必要
市区町村役場	法人設立（設置）等申告書	必要	必要

　「収益事業開始届出書」には、収益事業の概要を記載した書類と収益事業についての貸借対照表の添付が必要です。
　「青色申告の承認申請書」（158ページ参照）は青色申告を希望する法人のみ提出が必要になります。青色申告を選択した場合には、その取引を複式簿記という記帳方法で一定の帳簿に記録し、保存しておかなければなりませんので、事前に経理体制を整えておきましょう。収益事業を行なえば税務署などへの税務申告が必要になりますし、青色申告を選択した法人は、税金の計算上、赤字を7年間繰り越すことができ、その後の黒字と相殺できるなどの特典も設けられているので、最初から選択しておくとよいでしょう。

●●「収益事業開始届出書」の記載例●●

	収益事業開始届出書	※整理番号	
税務署受付印	(フリガナ) 名　称	トクテイヒエイリカツドウホウジン デイケアハチオウジ 特定非営利活動法人 デイケア八王子	
平成○○年○月○日	本店又は主たる 事務所の所在地	〒○○○-○○○○ 東京都八王子市元本郷町 ×-×-× 電話（042）○○○-○○○○	
	納　税　地	〒 同上 電話（　）　－	
	(フリガナ) 代表者氏名	フクシ　イチロウ 福祉　一郎　㊞	
八王子 税務署長殿	代表者住所	〒○○○-○○○○ 東京都新宿区○○×-×-× 電話（03）○○○○-○○○○	

新たに収益事業を開始したので届け出ます。

収益事業開始	平成○○年○月○日	事業年度	自○月○日　自　月 至○月○日　至　月
事業の目的	この法人は、地域で暮らす人々に対して、生涯を通じて健康で文化的な生活が送れるよう、また誇りをもって地域で生きていくことができるように支援する事業を行ない、活力ある地域社会の実現に寄与することを目的とする。	収益事業の種類	①デイケアサービス事業 ②物品販売業

収益事業を営む事業場等	収益事業の種類	事業場等の名称	所　在　地	収益事業の経営責任者
	デイケアサービス事業	デイケア八王子	東京都八王子市元本郷町×-×-×	福祉　一郎
	物品販売業	同上	同上	同上

関与税理士	氏　　名		添付書類	① 収益事業の概要を記載した書類
	事務所所在地	電話（　）　－		② 収益事業についての貸借対照表

（備考）

「給与支払事務所等の開設届出書」の提出の有無　　　有・無

税理士署名押印　　　　　　　　　　　　　　　㊞

（規格A4）

※税務署処理欄	部門	決算期	業種番号	入力	名簿	通信日付印	年 月 日	確認印

18.06改正　　　　　　　　　　　　　　　　　　　　　　　　　　　　（法1203）

第5章◆会計と税金について知っておこう

●●「青色申告の承認申請書」の記載例●●

[青色申告の承認申請書の記載例の画像]

◆届出期限に注意！

　この申請書は、収益事業を開始した日から3か月以内、または、その事業年度終了の日のいずれか早い日までに提出しなければなりません。

　万が一、申請が期限内に行なえなかった場合には、適用できる事業年度が遅れることになってしまうので、注意が必要です。

●NPO法人でも税金はかかる?!

「NPO法人は特定非営利活動を行なっているのだから税金はかからない」と思われがちですが、法人税法上は公益法人等として取り扱われ、そのNPO法人が行なう事業のうち、収益事業から生じた所得については法人税、法人住民税、法人事業税が課税されます（☞具体的な税金の種類と税率は162ページ参照）。ですから、収益事業を行なう場合には、あらかじめ税務申告についても念頭に置き、しっかり準備しておくことが大切です。

ところで、この場合の収益事業とは何を指すのでしょうか？

これは法人税法の規定に従うことになります。NPO法では本来の事業である特定非営利活動に係る事業であっても、税金の計算上は収益事業として課税対象となる場合もありますので、行なおうとしている事業が税法上の収益事業に該当するのか否か、事前に慎重な検討をしておく必要があるでしょう。

法人税法の収益事業に該当するか否かの判断は難しいものですし、税務申告書の作成は法人税法などの規定に基づいて厳格に行なうものなのでそれなりの知識が必要になります。収益事業の判断は所轄税務署や税理士などの専門家に事前に必ず確認し、税務申告については専門家に相談・依頼することをおすすめします。

●●事業区分と課税関係●●

		NPO法上	
		特定非営利活動に係る事業	その他の事業
法人税法上	収益事業以外	非課税	非課税
	収益事業	課税	課税

●法人税法上の収益事業とは？

　法人税法に規定されている収益事業とは、次の3つの要件をすべて満たしているものをいいます。
- その事業が政令で定める33業種に該当していること
- その事業が継続的に行なわれていること
- その事業が事業場を設けて営まれていること

> ◆政令で定める33業種
> ①物品販売業　②不動産販売業　③金銭貸付業　④物品貸付業　⑤不動産貸付業　⑥製造業　⑦通信業　⑧運送業　⑨倉庫業　⑩請負業　⑪印刷業　⑫出版業　⑬写真業　⑭席貸業　⑮旅館業　⑯料理店業その他の飲食店業　⑰周旋業　⑱代理業　⑲仲立業　⑳問屋業　㉑鉱業　㉒土石採取業　㉓浴場業　㉔理容業　㉕美容業　㉖興行業　㉗遊技所業　㉘遊覧所業　㉙医療保健業　㉚技芸教授に関する業　㉛駐車場業　㉜信用保証業　㉝無体財産権提供業

　法人税法の収益事業はこれらの33業種に限られており、該当しない業種については、たとえ利益が発生したとしても課税されることはありません。また、法人税法の収益事業に該当する場合でも、次に掲げる者がその事業に従事する者の半数以上を占め、かつ、その事業がこれらの者の生活の保護に寄与している場合には、その事業については非課税とされています。

- 身体障害者福祉法に規定する身体障害者
- 生活保護法の規定により生活扶助を受ける者
- 児童相談所、知的障害者更生相談所、精神保健福祉センターまたは精神保健医により知的障害者として判定された者
- 精神保健および精神障害福祉に関する法律の規定による精神障害者保健福祉手帳の交付を受けている者
- 年齢65歳以上の者
- 母子および寡婦福祉法に規定する配偶者のない女子であって現に児童を扶養している者または寡婦

法人税の申告手続き

①収益事業を営んでいる場合

NPO法人が法人税法に定められた収益事業を営んでいる場合には、赤字・黒字を問わず、各事業年度終了の日から2か月以内に所轄税務署、都道府県税事務所、市区町村役場に税務申告書を提出し、納税する必要があります。

- 所得が発生している場合（黒字の場合）
  法人税、法人住民税、法人事業税がその所得金額に応じて課税。
- 所得が発生していない場合（赤字の場合）
  法人住民税の均等割と呼ばれる定額の税金だけが課税。

なお、自治体によっては一定の条件つきでこの法人住民税の均等割を免除しているところもありますので、個別に確認してみるとよいでしょう。

②収益事業を営んでいない場合

たとえ収益事業を営んでいない場合でも、NPO法人には法人住民税の均等割についての納税義務は発生します。ただし、現在では大半の自治体でNPO法人が自ら減免申請書を提出することを条件として、本来負担すべき法人住民税の均等割を免除する制度が設けられています。詳しくは各自治体に確認してみてください。

なお、年間収入が8,000万円を超えるNPO法人は、原則として、各事業年度終了の日の翌日から4か月以内に、「公益法人等の収支計算書の提出書」（163ページ参照）にその事業年度の収支計算書を添付して所轄税務署長に提出しなければなりません。

●●税金の種類と税率●●

	種類		課税対象	標準税率
国税	税務署	法人税	法人税法上の収益事業から生じた所得	所得金額　800万円以下　22% 　　　　　800万円超　　30%
地方税	都道府県	法人住民税	（均等割） 原則として課税	2万円
			（法人税割） 法人税法上の収益事業から生じた所得	法人税額の5%
		法人事業税	法人税法上の収益事業から生じた所得	所得金額　400万円以下　5% 　　　　　400万円超〜 　　　　　　800万円以下　7.3% 　　　　　800万円超　　9.6%
	市町村	法人住民税	（均等割） 原則として課税	5万円
			（法人税割） 法人税法上の収益事業から生じた所得	法人税額の12.3%

◆自治体ごとに異なる書式、手続きに注意!!
　法人住民税の均等割や税率は自治体ごとに若干異なっている場合があります。また、各種届出書、申請書、申告書の様式も自治体ごとに用意されていますし、提出期限なども若干異なる場合もありますので、個別に各自治体に確認してください。

●●「公益法人等の収支計算書の提出書」の様式●●

公益法人等の収支計算書の提出書

税務署受付印	平成　年　月　日	※税務署処理欄	一連番号		
			整理番号		
			提出年月日	年　月　日	
	税務署長　殿		郵便官署消印	年　月　日	確認印

租税特別措置法第68条の6（公益法人等の収支計算書の提出）の規定に基づき、別添のとおり収支計算書を提出します。

事業年度	自　平成　年　月　日 至　平成　年　月　日
（フリガナ） 法　人　名	
主たる事務所の所在地等	〒 電話（　）　－
（フリガナ） 代表者氏名	

収支計算書上、対価を得て行う事業に係る収入について、事業の種類ごとに区分して記載していない場合には、下の欄に記載してください（雑収入に含めている場合にも、忘れずに記載してください。）。
なお、事業の科目欄には、その事業内容を示す適当な名称を記載してください。
また、下の欄に記載しきれない場合には、適宜の用紙に記載して添付してください。

事業の科目	収入金額	事業の科目	収入金額
	円		円

14・07 改正

➡年間収入が8,000万円を超えるNPO法人に必要です。ここでは様式のみを参考にしてください。詳しくは税務署で尋ねてください

NPO法人と消費税

① 消費税を納めなければならない人とは?

　消費税は、①日本国内において、②事業者が事業として、③対価を得て行なう、④資産の譲渡等に該当する取引が対象となります。NPO法人においてもこれらの4要件を満たす取引を行なった場合には消費税を納める義務が発生し、その取扱いは普通法人と何ら変わりません。消費税法上は、法人税法のような収益事業の有無については一切問われないのです。

　ただし、基準期間(その事業年度の前々事業年度)の課税売上高(上記4要件を満たす売上高)が1,000万円以下の事業年度については、消費税の納税義務が免除されるという特例があります。新設されたNPO法人の場合には、第1期と第2期は基準期間そのものがないため、原則として免税事業者となり、第3期以降の事業年度については、その前々事業年度の課税売上高が1,000万円を超えているかどうかで、消費税の納税義務を判定していくことになります。

　消費税の課税事業者に該当することになった場合には、「消費税課税事業者届出書」を所轄税務署長に提出しなければなりません。

　また、実際に消費税の納税を行なうのは税務申告時(その事業年度終了の日から2か月以内)となります。一定の時期にある程度まとまった納税資金が必要になるため、納期限にあわせて、事前に計画的に納税資金を確保していく必要があるでしょう。

●●消費税の納税義務判定の事例●●

	第1期	第2期	第3期	第4期
課税売上高	1,000万円超	1,000万円以下	1,000万円以下	1,000万円超
納税義務	免税事業者	免税事業者	課税事業者	免税事業者

●●「消費税課税事業者届出書」の記載例●●

第3号様式

消費税課税事業者届出書

収受印

平成X2年12月15日

八王子 税務署長殿

届出者

納税地	（フリガナ）トウキョウトハチオウジシモトホンゴウチョウ （〒○○○-○○○○） 東京都八王子市元本郷町 ×-×-× （電話番号 042-○○○-○○○○）	
住所又は居所 （法人の場合） 本店又はまたる事務所の所在地	（フリガナ） （〒 - ） 同上 （電話番号 - - ）	
名称（屋号）	（フリガナ）トクテイヒエイリカツドウホウジン デイケアハチオウジ 特定非営利活動法人 デイケア八王子	
氏名 （法人の場合） 代表者氏名	（フリガナ）フクシ イチロウ 福祉 一郎 　　　　　㊞	
（法人の場合） 代表者住所	（フリガナ）トウキョウトシンジュクク 東京都新宿区○○×-×-× （電話番号 03-○○○○-○○○○）	

下記のとおり、基準期間における課税売上高が1,000万円を超えることとなったので、消費税法第57条第1項第1号の規定により届出します。

適用開始課税期間	自 平成X3年 4月 1日　　至 平成X4年 3月31日		
上記期間の 基準期間	自 平成X1年 4月 1日 至 平成X2年 3月31日	左記期間の総売上高 左記期間の課税売上高	×××××円 ×××××円

事業内容等	生年月日（個人）又は設立年月日（法人）	1明治・2大正・3昭和・④平成 ○○年 ○月 ○日	法人のみ記載	事業年度 資本金	自○月○日 至○月○日 円
	事業内容	デイケアサービス・物品販売業		届出区分	相続・合併・分割等・その他

参考事項		税理士署名押印	㊞ （電話番号 - - ）

※税務署処理欄

整理番号		部門番号					
届出年月日	年 月 日	入力処理	年 月 日	台帳整理	年 月 日		

注意　1. 裏面の記載要領等に留意の上、記載してください。
　　　2. ※印欄は、記載しないでください。

第5章◆会計と税金について知っておこう

②消費税の計算方法

消費税の計算方法には、原則課税方式と簡易課税方式の２種類があります。

それぞれの計算方法と特徴は次のとおりです。

●原則課税方式

　納付税額＝　受取消費税　－　支払消費税

　　・顧客から預かった消費税額から実際に支払った消費税額を差し引いた差額を国に納付する方法
　　・収入に会費や寄付金、補助金のような対価性のないものが多く含まれる場合には、複雑な計算方式になる

●簡易課税方式

　納付税額＝　受取消費税　－（受取消費税　×　みなし仕入率）

　　・支払消費税を実際に支払った消費税ではなく、預かった消費税額から概算で算出する方法
　　・みなし仕入率は事業区分ごとに異なる（下表参照）。
　　・基準期間の課税売上高が5000万円以下の場合に適用可能
　　・適用を希望する場合には「消費税簡易課税制度選択届出書」を適用事業年度開始日の前日までに所轄税務署長に提出する必要がある
　　・いったん選択した場合には２年間は原則課税に変更できない

みなし仕入率は業種によって５区分に設定されています。

区分	業種等	みなし仕入率
第１種事業	卸売業	90%
第２種事業	小売業	80%
第３種事業	製造業、建設業、農業等	70%
第４種事業	飲食業、金融保険業等	60%
第５種事業	サービス業、不動産業等	50%

●●「消費税簡易課税制度選択届出書」の記載例●●

第24号様式

消費税簡易課税制度選択届出書

平成X3年 2 月 20 日 (収受印) 八王子 税務署長殿	届出者	(フリガナ)	トウキョウトハチオウジシモトホンゴウチョウ
		納税地	(〒000-0000) 東京都八王子市元本郷町 ×-×-× (電話番号 042 - 000 -0000)
		(フリガナ)	トクテイヒエイリカツドウホウジン デイケアハチオウジ フクシイチロウ
		氏名又は名称及び代表者氏名	特定非営利活動法人 デイケア八王子 福祉 一郎 ㊞

下記のとおり、消費税法第37条第1項に規定する簡易課税制度の適用を受けたいので、届出します。

①	適用開始課税期間	自 平成 X3年 4 月 1 日　　至 平成 X4年 3 月 31 日
②	①の基準期間	自 平成 X1年 4 月 1 日　　至 平成 X2年 3 月 31 日
③	②の課税売上高	××××× 円
事業内容等	(事業の内容) 　デイケアサービス、物品販売業 (事業区分) 　第2種事業、第5種事業	
参考事項		
税理士署名押印	(電話番号　-　-　) ㊞	

※税務署処理欄	整理番号		部門番号				
	届出年月日	年 月 日	入力処理	年 月 日	台帳整理	年 月 日	
	通信日付印	年 月 日	確認印				

注意　1．裏面の記載要領等に留意の上、記載してください。
　　　2．※印欄は、記載しないでください。

第5章◆会計と税金について知っておこう

4 認定NPO法人と税制優遇措置

●認定NPO法人とは？

　NPO法人の活動分野は、福祉、教育、まちづくり、文化、環境保護など広範囲にわたり、社会の多様なニーズに応える重要な役割を果たすことが期待されています。このような社会のためのさまざまな活動を支援するため、市民や企業からNPO法人への寄付を促していくことを目的として、認定NPO法人制度が2001年10月1日に創設されました。

　認定NPO法人とは、NPO法人のうち、その運営組織や事業活動が適正であり、公益の増進に資することについて一定の要件を満たすものとして国税庁長官の認定を受けた法人のことをいいます。

　認定NPO法人に対しては、寄付をした人が寄付金控除を受けることができるなどの税制上の優遇措置が設けられています。また、2006年度税制改正において、認定NPO法人の認定要件が緩和されるなど、徐々にではありますが制度の拡充が図られています。

●認定NPO法人に対する寄付金には税制優遇措置がある

①個人が認定NPO法人に対して寄付をした場合

　個人が認定NPO法人の特定非営利活動に係る事業について寄付をした場合には、その寄付をした者に特別の利益が及ぶと認められる場合を除き、その個人が確定申告を行なうときに、寄付金控除という税制優遇措置の適用を受けることができ、寄付金控除相当額については所得税の負担を軽減することができます。

　寄付金控除の適用を受けるには、寄付をした年分の確定申告書を税務署に提出するときに、特定寄付金の明細書、特定寄付金を受け取ったこと・その受け取った金額・受け取った年月日などを認定NPO法人が明らかにした書類を添付または提示する必要があります。

寄付金控除として、その年分の総所得金額から控除することができる金額は次のとおりです。

> ◆寄付金控除額
> ①その年中に支出した特定寄付金の額の合計額
> ②その年分の総所得金額×40％
> ③（①、②のうち少ない額）－5,000円＝寄付金控除額

② 法人が認定NPO法人に対して寄付をした場合

法人が認定NPO法人の特定非営利活動に係る事業について寄付をした場合には、その寄付金は特定公益増進法人に対する寄付金と同様に取り扱われます。

寄付金については、法人の経費として処理できる枠に一定の制限が設けられていますが、認定NPO法人に対する寄付金については一般の寄付金とは別枠で経費算入枠が上乗せされており、その分法人税の負担を軽減することができます。

この優遇措置を受けるためには、寄付をした事業年度の確定申告書にその寄付金額を記載した明細書を添付するとともに、その寄付金が認定NPO法人の行なう特定非営利活動に係る事業についての寄付であることをその認定NPO法人が明らかにした書類の交付を受け、保存しておく必要があります。

> ◆参考
> 普通法人の一般寄付金の損金算入限度額
> ｛（期末資本等の金額×（当期の月数／12）×0.25％）＋（当期の所得金額×2.5％）｝×1/2＝損金算入限度額

●●NPO法人に対する寄付金税制●●

	寄付をした個人	寄付をした法人
認定NPO法人に対する寄付金	所得税の計算上、特定寄付金として一定の金額を所得控除できる	法人税の計算上、一般の寄付金とは別枠で、一定の限度額の範囲内で損金算入できる
一般のNPO法人に対する寄付金	所得税の計算上、所得控除できない	法人税の計算上、一般の寄付金として損金算入限度額の範囲内で損金算入できる

③相続または遺贈により財産を取得した者が認定NPO法人に対して相続財産を寄付した場合

　相続または遺贈により財産を取得した者が、その取得した財産を相続税の申告期限までの間に、認定NPO法人が行なう特定非営利活動に係る事業に対して寄付した場合には、その寄付をした者またはその親族などの相続税または贈与税の負担が不当に減少する結果となる場合を除いて、その寄付をした財産については相続税が課税されないことになっています。

　ただし、その寄付を受けた認定NPO法人が、寄付のあった日から２年以内に認定NPO法人に該当しないこととなった場合、または、その寄付により取得した財産を特定非営利活動に係る事業に使用していない場合には、この特例は適用されません。

　この特例措置を受けるには、認定NPO法人への寄付を相続税の申告期限までに行なう必要があります。また、相続税の申告書を提出するときに、申告書に特例措置の適用を受けようとすることを記載し、かつ、特定非営利活動に係る事業についての寄付であることおよびその寄付財産の使用目的などを認定NPO法人が明らかにした書類を添付する必要があります。

●認定NPO法人の要件

　認定NPO法人は、その運営組織や事業活動が適正であり公益の増進に資することについて、いくつかの要件を満たす必要があります。この認定要件は極めて煩雑で厳しいものとなっており、残念ながら、認定NPO法

人の認定を受けているNPO法人はごくわずか（2007年8月1日現在70法人）という現実があります。

NPO法人の活動資金を外部から受け入れやすくすることで、NPO法人の活動を支援することを目的として創設された制度ですが、認定要件の厳しさがネックとなり、制度の普及にはまだまだ時間がかかるでしょう。

各要件の概要は次のとおりです。

①パブリック・サポート・テスト（PST）に関する要件

PSTとは、認定を受けようとするNPO法人の総収入金額に占める寄付金の割合を示す計算式で、この数値が高いほど「活動が多くの人に支持されている」と判断されます。

具体的には、総収入金額等のうちに、寄付金等収入金額の占める割合が5分の1以上であることが求められています。なお、2006年度税制改正で2事業年度の総収入金額の平均が800万円未満の小規模法人については、PSTの方法が一部簡素化されています。

②活動の対象に関する要件

主な活動が会員へのサービス提供や特定の者の利益を目的とする活動ではないこと。

③運営組織および経理に関する要件

運営組織の役員・社員の数のうちに、特定の役員・社員およびその親族等の数が占める割合が3分の1以下であること。

外部の監査を受けていること、または、青色申告法人と同レベルの記帳、帳簿の保存を行なっていること。不適切な経理がないこと。

④ 事業活動に関する要件

宗教活動、政治活動などを行なっていないこと。

総事業費に対する特定非営利活動に係る事業費の割合や受入寄付金の使途などが適正であること。

⑤情報公開に関する要件

事業報告書、役員名簿、定款等および寄付者名簿など一定の書類をその法人の主たる事務所に備え置き、閲覧の請求があった場合には、正当な理由がある場合を除き、これを閲覧させること。

⑥不正行為等に関する要件

法令違反や不正行為がないこと。
⑦設立後の経過期間に関する要件
　申請書を提出した事業年度開始の日において、その設立の日から１年を超える期間が経過していること。
⑧所轄庁の証明に関する要件
　所轄庁から「法令等に違反する疑いがない」旨の証明書の交付を受けていること。

●申請手続き

　認定を受けようとするNPO法人は、「認定特定非営利活動法人としての認定を受けるための申請書」を、下記の一定の添付書類を添付して、そのNPO法人の事務所の所在地を管轄する税務署を経由して、国税庁長官に提出することとされています。

　国税庁長官は、NPO法人からの認定申請書を受け、その運営組織および事業活動が適正であること、公益の増進に資することについて一定の要件を満たすものを認定します。

　認定を行なった場合には、NPO法人に通知するとともに、認定をしたNPO法人の名称、主たる事業所の所在地、代表者の氏名および認定の有効期間を官報に掲載して公示します。認定の有効期間は２年間とされており、延長や更新手続きはないため、そのつど申請することが必要になります。また、要件を満たさなくなった場合などには認定が取り消されます。

【添付書類】
- 直前２事業年度の事業報告書、財産目録、貸借対照表、収支計算書
- 役員名簿、社員名簿、定款、認証書の写し、登記簿謄本の写し
- 認定を受けるための要件を満たしていることを説明する書類
- 寄付金を充当する予定の具体的な事業内容を記載した書類
- 所轄庁の証明書

●●「認定特定非営利活動法人としての認定を受けるための申請書」の様式●●

認定特定非営利活動法人としての認定を受けるための申請書

| | | | 整理番号 | |

税務署受付印

平成　年　月　日

主たる事務所の所在地又は納税地	〒　　　　　　　電話（　）　－　　　　　　FAX（　）　－
（フリガナ）申請者の名称	
（フリガナ）代表者の氏名	㊞

税務署長経由
国税庁長官殿

設立年月日	平成　年　月　日	事業年度	有（　月　日～　月　日）・無
所轄庁		収益事業の有無（事業の種類）	有（　　　　）　無
小規模法人特例の有無	有・無		

租税特別措置法第66条の11の2第3項に規定する認定特定非営利活動法人としての認定を受けたいので申請します。

（現に行っている事業の概要）

（その他の参考事項）

（注意事項）
・ 申請書は、正本及び副本2通を主たる事務所の所在地又は納税地の所轄税務署に提出してください。
・ 申請書には「認定申請時の添付書類一覧表（兼ﾁｪｯｸ表）」に掲げる書類を添付してください。
　（既に国税庁長官に提出している書類のうち、その記載した事項に変更のないものを除きます。）
・ 名称、所在地、代表者等の変更を予定されている場合には、その旨を「その他の参考事項」欄に記載してください。
・ 申請書は、申請書を提出した日を含む事業年度開始の日（事業年度の定めがない場合には、申請書を提出した日を含む年の1月1日）において、その設立の日以後1年を超える期間が経過していなければ提出することができません。また、過去に認定の取消しを受けている場合は、その取消しの日の翌日から2年を経過した日以後でなければ提出することができません。

税理士署名押印		㊞

| 税務署処理欄 | 部門 | | 入力 | | 整理簿 | | 備考 | |

➡ 認定要件などを含め、詳しくは税務署で尋ねてください。ここでは様式のみを参考にしてください

第6章

将来を見すえた活動をするために

1 パートナーシップ・協働でNPO活動を促進しよう

●パートナーシップとはなんだろう？

　社会には、立場の異なる組織や人たちが存在します。何か共通の目的に向かって行動するときに、このような立場のちがいを超え、対等で自由な関係によって結ばれた信頼関係を「パートナーシップ」と呼びます。

　たとえば、市民団体、行政、企業、学校などの組織そのものが主体として関わる場合や、個人個人がその所属する組織的な判断や行動を行なう場合が、立場の異なるケースです。そういう場合には、日頃からのコミュニケーション不足や価値観や見解の相違などが生じやすく、合意形成は難しい面があります。しかし、お互いの立場を尊重し、ともに同じ目的に向かって力を合わせようという環境が整えば、それぞれのもっている知識や技術、人脈などが、大きな効果を発揮することが考えられます。

　このようにパートナーシップは、従属的・依存的ではない対等な関係、つまり、お互いに信頼し合い、お互いの主体性や特性を尊重し合いながら、お互いに責任をもつという「関係性」として用いられます。

●パートナーシップと協働のちがいは

　パートナーシップによる取り組みは「協働」とも呼ばれ、行政・NPO・企業など、立場の異なる組織や人同士が、ミッションのもとに、対等な関係を結び、それぞれの得意分野を生かしながら、連携、協力し合うことです。

　基本的には、「パートナーシップによる取組み」＝「協働」ととらえてよいでしょう。それぞれを使い分けるとしたら、とくに「関係性」や「行動原理」を念頭に置く場合には「パートナーシップ」を、また「個別の具体的な取組みや行為」を念頭に置く場合には、「協働」を用いる場合が多いようです。

　また、似た言葉に「連携」があります。「協働」では、課題や目的を共有しながら、よりよいものを創り上げていくということも範囲にして共有したり、結果としての効果の要素まで含む概念であるのに対して、「連携」は、それぞれの主体性を尊重した関係づくりなどのように、「関係性の構築や維持」を中心とした意味で用いられる場合が多いようです。

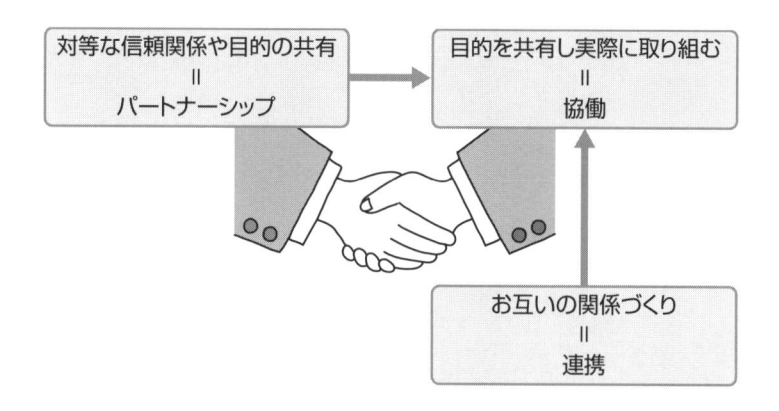

```
対等な信頼関係や目的の共有        目的を共有し実際に取り組む
        ＝                                ＝
   パートナーシップ         →           協働

                    お互いの関係づくり
                           ＝
                          連携
```

●理想的なパートナーシップを築こう！

　NPO法人が、パートナーシップをつくり上げることは、継続的な事業を行なうためには不可欠なものです。それでは、理想的なパートナーシップを構築するためにはどのようなポイントがあるのでしょうか？

第6章◆将来を見すえた活動をするために

①対等な関係を築く

　NPO法人が補助金を得たり、委託を受けると、どうしても資金提供をする側が上位に、NPO側が下位になってしまい、サービスの下請けのような関係になることがあります。これでは対等の関係とはいえません。行政や企業などとNPOが、対等で互いに信頼できる関係を築くことが何より必要です。

②情報を共有し、意思決定をオープンにする

　パートナーシップで事業を進める際は、まずその目的や進め方の基本方針を相互に理解し合い、関係者が情報を共有したうえで、必要な対話を重視したオープンな意思決定を、それぞれが参加しながら行なう姿勢が大切です。

③特性や能力を活かし、役割を分担する

　関係者がもつ特性や能力を十分に活かした役割を分担することで、事業が合理的に進み、それぞれの組織が積極的なかかわり方ができ、参加者の誰もが意義のあるパートナーシップを構築できます。

●パートナーシップで活動を広げよう

　公益性のある社会貢献事業を行なう場合、時として個人のライフスタイルや、地域の課題や展望、企業の社会的責任など、個々が自覚し、自発的に取り組まなければ成果の現われないものが多くあります。パートナーシップは、義務や強制、規制などではなく、自発性のある行動を基本にしなければなりません。自発性に基づく新たな相互関係の構築こそが、パートナーシップで活動を広げる基本なのです。

　また、それぞれの得意分野を認識し、尊重することによって生まれるパートナーシップでは、得意分野だからこそ実現できる専門性や効果的な対応が可能になります。そのことで問題解決がより合理的になるしくみを実現できます。さらにお互いの刺激で、新しいアイデアが生まれることもあるでしょう。1＋1が2、1＋1＋1が3になるような関係以上の、大きな可能性を秘めているといえます。

② NPOとビジネス

●もう一度、「非営利」の意味を理解しよう

　NPOは、無償のボランティアではなく、提供したサービスに対する対価を受け取ることができます。NPOの活動は非営利活動を指すので、「非営利＝無償」と受け止められやすいものですが、それは誤解です。本書でもたびたび説明するのは、社会的にこの理解がなかなか定着していないので、場面ごとに意識しておくことが大切と考えたからです。

　対価を受け取るという活動は、ビジネスといえます。NPOと組み合わせるなら、ビジネス型NPOです。こういうと意外に思われるかもしれませんが、NPO法人における「非営利」は、事業で得た利益を構成員に分配してはいけない、という意味であって、事業で利益をあげることを否定したものではありません（詳しくは28ページ参照）。

　"ビジネス"を、利益をあげるべく事業を継続して進めることと考えるならば、NPO法人の事業活動もビジネスという側面をもっていることになります。NPO法人は、利益を公益活動に広げることで、持続性のある取り組みや、より効果的に発展していくことを期待されているのです。

●コミュニティ・ビジネスの基本を知ろう

　みなさんは、「コミュニティ・ビジネス」という言葉を耳にしたことがあるかもしれません。コミュニティ・ビジネスとは、地域の市民が主体となって、地域が抱えるさまざまな課題をビジネス的な手法によって解決し、その活動の成果を地域に還元する事業のことをいいます。

　コミュニティ・ビジネスは、無償のボランティア活動だけで成り立つものではありません。経済的に自立するためには、有償のビジネスとしての観点が求められます。営利を追求しない事業ということは、社会貢献事業と言い換えることもできます。有償のサービス提供、社会貢献、この2つ

を結びつけて事業化することから、NPO法人が担い手としてふさわしい存在であると理解できます。

コミュニティ・ビジネスを展開するためには、活動分野をはっきりさせる必要があります。動機と活動分野は合致しているでしょうか。

◆**コミュニティ・ビジネスの活動分野**
①福祉、保健、医療　②青少年教育　③環境　④まちづくり　⑤就業支援　⑥地域資源活用　⑦災害支援　⑧観光、交流　⑨文化、芸術、スポーツ　⑩上記活動に関する支援、サポートなど

●●コミュニティ・ビジネスの動機●●

- 特性を活かした新しい地域社会をつくりたい！
- 商店街、まちの活性化にみんなで取り組みたい！
- 大企業の資本に頼るのではなく、顔の見える地域社会を再生したい！
- 地域での雇用創出で、持続的な定住環境をつくりたい！
- みんなの生き甲斐づくりを実現したい！

みなさんは、どんなコミュニティ・ビジネスを展望していますか？

●コミュニティ・ビジネスの活動計画を検討する

Check①：事業を行なう地域の範囲は？

事業を行なうコミュニティを絞り込んでおくことが必要です。あまり広

すぎても、地域の問題を地域で解決しながら事業化していくという、コミュニティ・ビジネス本来の目的を達成できなくなってしまいますし、かといって、狭すぎては事業が経済的に成立しない懸念もあります。たとえば、日常生活圏となっている地区単位や、中学校程度の通学区単位、広くても市町村の単位など、活動する地域を具体的に想定してみましょう。

Check②：事業性・継続性があるか？

NPOで行なうコミュニティ・ビジネスもれっきとした事業活動です。このため、独立した事業主体として自立していることが求められます。

イベントのような一過性の活動はコミュニティ・ビジネスと呼べるものではありません。やはり、事業活動を継続して実施できることが求められます。短期・中期・長期、それぞれの視点から事業を検討してみましょう。

Check③：経済的に成り立つか？

NPOの活動を始める場合に、資本金や事業資金に乏しい場合がほとんどです。このため多くのNPOでは、自治体やさまざまな機関からの補助・助成に頼らざるを得ない場面があります。

しかし、補助金などには期限があり、多くのケースでは継続支給を前提としていないので、一時的な資金提供をアテにしていては事業を継続することが困難になってしまいます。コミュニティ・ビジネスは、補助金などに依存せず、自立した経済活動ができるように準備しておくこと、つまり適切な収益をどのように生み出すのか、をしっかりと検討しておくことが重要です。事業活動による事業収入を中心としていることが、コミュニティ・ビジネスの成立のカギです。

Check④：参加者や活動形態は実現性があるか？

コミュニティ・ビジネスは、個人事業、任意団体、NPO、会社、組合など活動の主体を問わないと考えられます。活動を合理的に行なうためには、その事業にどのような人たちが関われるのか、そして事業を進めるための組織づくりを検討する必要があります。

もう一度、コミュニティを形成する人々をイメージしてみましょう。地域住民といわれるのは、その地域に暮らす生活者そのものです。なかでも高齢者や、主婦、学生、商店主などが対象になります。障がい者、若いフ

リーダーなどの雇用創出の場として、コミュニティ・ビジネスが期待されるかもしれません。また、企業や行政などの第一線で長年仕事をしてきた定年退職者にも、知識や技術、労力を発揮できる生き甲斐とできる場を提供することにつながることも期待できるでしょう。

NPOがコミュニティ・ビジネスを自立的に運営するといっても、外部の協力を拒む必要はありません。活動の支援者としては、地域の行政、企業、学校、金融機関、専門家や専門機関、そして活動を受け入れる一般市民の理解などが欠かせないことでしょう。広報活動や相互協力を支援してくれる中間的なNPOの存在も重要です。

●コミュニティ・ビジネスの公益性を確認しよう

コミュニティ・ビジネスの事業計画が成立しそうならば、もう一度、原点に戻って「公益性」を確認してみましょう。

営利活動を目的とするようにすり替わっていてはいけません。もし、営利活動的な要素が大きければ、この時点で、株式会社など別の法人格取得を視野に入れて再検討する必要もあるでしょう。資金調達をはじめとする事業運営のうえで、株式会社のほうがNPOよりも優れている点があります。

その地域の生活者の視点に立って、地域の利益を最大限に追求する——これがコミュニティ・ビジネスの原点です。この意味が守られているとすれば、NPOでもコミュニティ・ビジネスを成立させることは十分に可能でしょう。むしろ、公益性を追求するという意味からは、NPOこそがコミュニティ・ビジネスの主役としてふさわしいといえるかもしれません。

●行政との協働による事業展開

NPOの事業は、公益性がありますから、行政との関係を常に意識しておく必要があります。行政と一体となって事業を行なうほうが効率的、かつ、効果的な場面もたくさんあります。このような、行政との関係による取組みを協働ともいいますが、NPOが事業を行なう際には、行政ばかりではなく、企業と連携することもあります。

公共サービスはこれまで行政が提供するものでした。しかし、ともすれ

事例◆コミュニティ・ビジネスの実践NPO

　株式会社などによる営利活動で実現できるビジネスとNPO法人が張り合ってもしかたありません。NPO法人ならではの特色を活かし、持ち味を発揮してこそ意義のある活動になります。
　では、NPO法人ならではの特色としてはどのようなものが考えられるでしょうか。
　まず、地域の課題を地域で解決することをビジネスとして展開するのがコミュニティ・ビジネスですから、地域の課題解決がミッションになっていることが重要です。地域の課題が、多くの地域住民に共有されていれば、その課題解決のための事業を有利に展開することができます。事業主体であるNPO法人に人や資金、物資、情報などが流れやすくなり、求心力が高まることでしょう。
　次に、株式会社などの法人が営利目的で取り組みにくい分野、つまり、ニッチな分野をターゲットにすることが考えられます。たとえば、菜種油でバイオディーゼル燃料をつくって販売する、という事業は全国各地のNPOで取り組まれていますが、これらは企業が参入するにはまだ収益性の少ない分野であり、NPOだからこそ事業化できた例といえます。
　公益性がある社会貢献だからこそ実現できる、地域の人と人のつながり、人材や情報のネットワークが、NPO法人でコミュニティ・ビジネスを成功させていく秘訣になります。

ば縦割りと呼ばれるように、専門分野間にまたがる事業が進めにくかったり、前例主義と揶揄されるように新しいジャンルの事業へ即座に対応できなかったりという課題も指摘されてきました。行政機関もずいぶん改革されてきましたが、現在では"民間でできることは民間で"といわれるような民営化の波と合わせて、公共サービスの提供のしかたが多様化しています。

　行政サービスと、NPOのミッション。公益性を考えるとき、両者にはかなり近い関係があることがわかります。これからはお互いの立場を尊重し、理解しながら協働し、よりよい行政サービスとコスト削減を両立させ、持続性と公益性のある事業を展開していくことが望まれます。

　協働相手の特性や専門性を活かしていくことで、より高い効果が見込めるような場合には、積極的に協働することが重要になってきます。このとき、協働することが目的になってはいけません。あくまでも、協働は手段と割り切っておくことが大切です。行政の立場からは、住民参加の1つの手段という考え方もあります。参加から協働が生まれることも、また協働から新たな参加が生まれることもあり、相互に密接な関係をもっています。また、市民参加は個人でも可能ですが、責任と役割を分担・協力しあう関係を構築するには、どうしても組織と組織の関係による協働が必要になってきます。

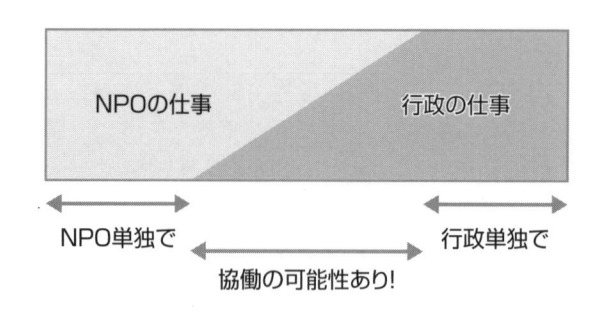

NPOの仕事	行政の仕事
←NPO単独で→	←行政単独で→
←協働の可能性あり！→	

3 NPO法人と指定管理者制度

●指定管理者制度に参入する

　近年の経済・社会環境は急速に変化しています。公共サービスについても、"民営化"など官民の役割分担の再構築が進められています。民間参入が拡大することにより、消費者ニーズの多様化に柔軟に対応し、また、より良質で安価なサービスが期待されるとともに、行政の簡素化・効率化という効果が考えられます。新しい公共の市場が民間に開放されることは、新たなマーケットの創出、経済や雇用の活性化にもつながります。

　公的施設の管理は、地方公共団体の直営のほかは、第三セクターと呼ばれる地方公共団体が2分の1以上出資した法人等に限定されて、管理委託が行なわれてきました。ところが、2003年の地方自治法改正により、「指定管理者制度」が導入されることになり、大きな変化がありました。

　指定管理者制度によって、公共団体、第三セクターなどに加え、民間事業者やNPO法人が参入できることになりました。児童福祉施設や社会福祉施設、障がい者関連施設、スポーツ施設や公園、生涯学習・青少年活動施設など、たくさんの公の施設が指定管理者制度の対象となっています。

　NPOの事業には公的サービスと重複するものも多いので、指定管理者制度は事業拡大・安定化の1つの手段といえるでしょう。

　NPOの理念、事業と指定管理者制度のメリット・デメリットをじっくりと検討して、取組みを決めていくのもよいでしょう。指定管理者の選定には公募方式がとられることが多いので、公的機関や民間事業者と競いながら実力アップするチャンスです。

●●NPOが指定管理者に参入する主なメリット●●

- 地方公共団体とNPOとの協働や連携が強化される
- NPO事業が公の施設を使って継続的に実施できる
- 住民満足度の向上や住民自治の向上などに役立つ

指定管理者の現実を理解する

　指定管理者制度を導入している例では、3年とか5年のような期限を限定して契約するケースが多くみられます。つまり、この間に実績を残さないといけないわけです。

　実際は、公募で選定されるまでの事前準備に時間や費用を費やすことは、委託外になる場合がほとんどでしょうから、職員の雇用や教育などが十分でないまま見切り発車、ということになりかねません。また、安定し始めた頃には、もう契約期間が残り少なくなっているという事態も十分に考えられます。

　とくに、美術館や図書館、動物園など、特別な知識や技能、経験が必要とされる施設では注意が必要となります。これには、施設を所管する地方自治体側にも検討の余地がありそうです。保育園や学校などの教育施設についても同様なことがいえます。

　評価や情報公開のあり方など、現時点では指定管理者制度の課題も多く耳にします。応募の際には、指定管理者制度に関する地方自治体のねらいや考え方、個別の施設の運営状況、災害や事故などの危機管理や責任分担、保険対応などを含めたリスク回避・移転方策などを明確にしながら、企画を練る必要があります。こうした入念な検討が、審査・プレゼンテーションでより優位に評価されるポイントになるはずです。そして忘れてはいけないのが、NPOのミッションとの整合性です。NPOにとってその公の施設を管理する意味は何なのかを、折りに触れて確認していくことが大切です。

事例◆指定管理者になったNPO法人

　NPOが指定管理者になるメリットとしては、拠点をもち活動を広げ、人材を確保できるという点が挙げられるでしょう。一方で、人件費やコストの削減を図りたい行政の下請けで終わりかねないというデメリットがあることも否定できません。結果として、運営することのみにとらわれ、団体のミッションから大きく外れてしまうという危険性もあります。その点、大阪市にあるNPO法人ZUTTOは成功例といえるでしょう。

　ZUTTOは「よりよい社会は生涯にわたる男女共同参画から」を基本理念に、就職支援セミナーや人材派遣、女性が1人でも行かれるレストランの運営などを行なっているNPO法人です。2006年4月からは大阪府が立ち上げた（財）大阪府男女共同参画推進財団との共同体（コンソーシアム）でドーンセンター（大阪府立女性総合センター）の施設管理と利用促進窓口業務の指定管理をしています。

　民間ならではの手法で、無駄な作業の洗い出しやコストダウン、人材育成などを行ない業務を進めています。また、ハード部分の受託だけでなく、独自に男女共同参画をテーマにした勉強会を開くなど、自分たちの人脈と能力を活かしつつ社会に貢献しています。

ドーンセンターの運営

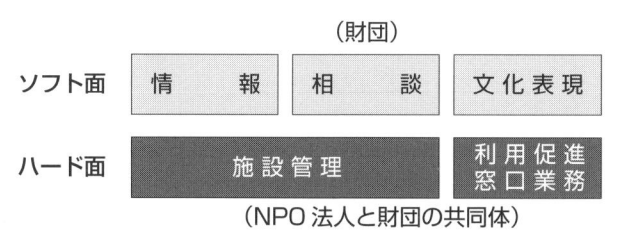

	（財団）		
ソフト面	情　　報	相　　談	文化表現
ハード面	施設管理		利用促進窓口業務

（NPO法人と財団の共同体）

4 NPOで夢を実現しよう

●社会貢献を継続的に取り組むために

　NPO活動は、時間の余裕がある人はもちろん、日頃から仕事などに追われている人にも関われるチャンスがあります。
　NPOそのものを生業とすることも可能です。
　また、NPOに参加することで知識や関心を深めることも可能ですし、場合によっては資金面や活動拠点を提供するなどの間接的な支援の場面もあります。つまり、一人ひとりの仕事や生活の実状に応じた、等身大の活動も可能になるのです。
　NPOの活動は、公益性のある社会貢献です。
　一時的な取組みや、体験してみようということならば、ボランティアやイベント参加もよいでしょう。とにかく自分の可能性を試してみることです。未知の世界に飛び込んで、それを楽しんでみましょう。

●アクティブシニアの力を活かそう

　第二次大戦後の数年間、昭和22年（1947年）から24年（1949年）頃までのベビーブームに生まれた人たちは、団塊の世代と呼ばれています。2007年以降は、この世代の人たちが大量に定年を迎えることで"2007年問題"などともいわれています。
　こうした団塊の世代を中心とした中高年層は、シルバーというイメージからあまり活発的なイメージは抱かれてきませんでしたが、まだまだ体力や知識のある方々は「アクティブシニア」と呼ぶにふさわしく、行動的であり地域社会の担い手として大きな期待がもてます。
　アクティブシニアは、社会貢献のうえでも大きな原動力になってくれると期待されています。活動するマンパワーが不足しがちなNPO法人にとっては、アクティブシニアを意識したネットワークづくりも視野にいれて

おくとよいでしょう。

◉いろいろな立場だからできるNPOの醍醐味

　さまざまな世代、性別、立場を超えて参加できるのがNPOの強みです。また、お互いのミッションを共有できる頼もしい仲間ですから、活動すればするほど信頼関係が増し、大きな成果につながることでしょう。

　やりがい、生きがい…。人により価値観はさまざまですが、有意義な人生を送るためにNPOは大きな選択肢の１つになっています。

　本格的に活動することによってNPOで生計を立てる人もいるかもしれませんが、まずは近くのNPOで主催している行事に参加してみてはいかがでしょうか。また、自分もやってみたいNPOに入会することで、さらに活動を理解できます。そういう経験を経てから、自分自身がミッションを明確にして、人の輪を広げNPOを設立するのも夢ではありません。

　まずは、NPOの扉を開けてみましょう！

共同執筆者プロフィール

森田　舞（もりた　まい）
1973年生まれ。長野県出身。湘北短期大学卒業。社会保険労務士・コーチ。人とのつながりを生むことで人が変わることを知り、新人士業向けの「開業ダッシュの会」、地域ブログポータルサイト「ナガブロ」などを主宰。市民公益活動促進委員や男女共同参画情報誌（長野市）の編集委員を務め、キャリア教育の一環として中学・高校などで講演活動も行なっている。

小川　一弘（おがわ　かずひろ）
1972年生まれ。長野県出身。横浜国立大学経営学部卒業。税理士。2003年小川一弘税務会計事務所開設。採算・資金・税務という3つの異なる視点からのアプローチによる財務体質改善指導を推進、商工会議所、商工会等で各種税務会計セミナー講師も務めている。

宮入 賢一郎（みやいり　けんいちろう）
技術士（総合技術監理部門、建設部門、環境部門）。（株）KRC代表取締役社長。建設・環境のコンサルタントであり、国土交通省移動性・安全性向上委員会委員、県建築審議会委員、市民公益活動促進委員会委員等を務めるなど、社会資本整備・市民参加のまちづくりについて多面的に活動。国立長野高専、長野県林業大学校などの非常勤講師として次世代の技術者育成に取り組むほか、NPO法人CO2バンク推進機構理事長として持続可能な社会の実現をめざす。『トコトンやさしいユニバーサルデザインの本』（日刊工業新聞社）ほか著書多数。
URL http://www.miken.org/

森田 真佐男（もりた　まさお）
1970年生まれ。神奈川県出身。明治大学経営学部卒業。社会保険労務士・行政書士事務所である、もりたサポート・オフィス所長。「法人設立」「就業規則」を中心とした、経営者・起業家のサポートをするかたわら、その人がその人らしく生きるためのスキルであるコーチングを学ぶ。講演活動のほか、現在は、コーチングアカデミー長野校のインストラクターも行なっている。

図解　NPO法人のつくり方・運営のしかた

2007年10月20日　初版発行
2008年12月1日　第3刷発行

著　者　宮入賢一郎 ©K. Miyairi 2007
　　　　森田真佐男 ©M. Morita 2007
発行者　上林健一
発行所　株式会社 日本実業出版社　東京都文京区本郷3-2-12　〒113-0033
　　　　　　　　　　　　　　　　　大阪市北区西天満6-8-1　〒530-0047
　　　　編集部 ☎03-3814-5651
　　　　営業部 ☎03-3814-5161　振替 00170-1-25349
　　　　　　　　　　　　　　　　http://www.njg.co.jp/
　　　　　　　　　　　　印刷／厚徳社　　製本／共栄社

この本の内容についてのお問合せは、書面かFAX（03-3818-2723）にてお願い致します。
落丁・乱丁本は、送料小社負担にて、お取り替え致します。

ISBN 978-4-534-04293-4　Printed in JAPAN

下記の価格は消費税(5%)を含む金額です。

日本実業出版社の本
「小さな会社」シリーズ
好評既刊!

初めてでもよくわかる 小さな会社の総務・経理の仕事ができる本
安田 大=編著
定価 1260円（税込）

初めてでもよくわかる 小さな会社の給与・税金・保険事務ができる本
井戸美枝=著
定価 1260円（税込）

これだけは知っておきたい 小さな会社の経理と帳簿がわかる本
青木広子=著
定価 1365円（税込）

初めてでもよくわかる 小さな会社の源泉徴収事務ができる本
姉帯奈々=著
定価 1365円（税込）

定価変更の場合はご了承ください。